AF453467

Au Pays

des Bouddhas

PIERRE ALEX

Au Pays
des Bouddhas

PARIS

IMPRIMERIE PAUL DUPONT

4, Rue du Bouloi (1er Arrt)

—

1901

Sorcier Annamite.

SOUVENIRS D'UN MARSOUIN

SOUVENIRS D'UN MARSOUIN

Un marsouin! Mais si je ne me trompe, c'est le nom d'un poisson et peut-être, chers lecteurs, allez-vous vous demander comment je vais conter les aventures de ce cétacé, car nous ne sommes plus aux temps où les bêtes parlaient et je vous avouerai franchement que je n'ai aucune confidence, ni renseignement particulier à ce sujet.

Non, le marsouin dont il s'agit, c'est le soldat de l'infanterie de marine qui a été baptisé ainsi par les troupiers et les matelots.

> Le marsouin sur terre et sur l'onde
> Se fiche bien des quat'z'éléments,

dit la vieille chanson de cette arme spéciale dont l'origine remonte à Richelieu qui créa en 1622 cent compagnies destinées à servir sur mer.

Donc, j'entreprends de vous narrer quelques épisodes de la fin de la campagne du Tonkin à laquelle j'ai pris part comme modeste soldat d'infanterie de marine, perdu dans les rangs et je veux vous dire simplement les choses accomplies sous mes yeux, choses peu importantes il est vrai, mais auxquelles j'ai été mêlé en acteur et qui ont laissé dans mes souvenirs des traces ineffaçables.

J'essaierai de raconter simplement ce que j'ai fait et ce que j'ai vu et, si dans le cours du récit « il m'est arrivé d'employer quelque ornement indifférent, ce n'a jamais été que pour remplir un vide occasionné par mon défaut de mémoire ».

Quelques explications sur la situation du Tonkin sont nécessaires avant de commencer le récit de mes impressions.

Le Tonkin est un pays riche de la péninsule Indo-Chinoise; il sépare l'Annam de la Chine et est traversé par de nombreux fleuves qui prennent leurs sources dans le Céleste Empire et sont ainsi un excellent moyen de communication pour le commerce.

C'est Francis Garnier, un lieutenant de vaisseau, explorateur hardi, qui, le premier, fut frappé des richesses qu'offrait le Tonkin. Il résolut de le conquérir pour la France. Un autre Français, un négociant, nommé Dupuis, formait en même temps un projet semblable. Les deux explorateurs unirent leurs efforts et en 1873, secondés par Balny d'Avricourt, enseigne de vaisseau, et accompagnés d'une petite escorte de

Orchestre Annamite.

Français, ils s'emparèrent de la forteresse d'Hanoï et prirent possession de tout le delta au nom de la France.

Bientôt après, Garnier et Balny d'Avricourt furent massacrés dans une embuscade, mais leurs efforts nous avaient assuré le droit d'entretenir cinq consuls sur le territoire tonkinois, avec de petites garnisons pour les protéger.

Les Chinois, jusqu'alors suzerains absolus de cette partie du Tonkin, encouragèrent, aidèrent même la révolte contre les envahisseurs. Des bandes de pirates, connus sous le nom de Pavillons Noirs, furent organisées et armées contre notre protectorat.

Jusqu'en 1882, la situation resta stationnaire. Mais l'audace des Chinois à cette époque augmenta dans de telles proportions que le commandant Rivière fut envoyé de Saïgon au Tonkin pour faire respecter le traité qui avait été conclu avec le roi d'Annam.

Il s'empara de la citadelle d'Hanoï, mais se trouva assiégé par des bandes nombreuses de Chinois et il tenta une sortie héroïque, où il fut tué et mutilé horriblement.

La mort du commandant Rivière produisit une émotion considérable en France et une expédition fut décidée.

Un flotte de guerre commandée par l'amiral Courbet, reçut l'ordre de surveiller les côtes de l'empire chinois. L'amiral s'empara de la citadelle de Son-Tay en 1883, après un combat sanglant qui frappa les Chinois d'une terreur momentanée, hélas! Peu de temps après, une convention était signée entre la Chine et la France.

On pouvait supposer que la guerre était terminée, mais c'était compter sans la duplicité des Orientaux. Un guet-apens meurtrier surprenait à Bac-Lé une de nos colonnes expéditionnaires et la guerre était officiellement déclarée à la Chine.

L'amiral Courbet bombarda Fou-Cheou, arsenal chinois et bloqua l'île Formose.

Pendant ce temps, les Français prenaient l'offensive au Tonkin.

Enfin, l'amiral Courbet fut autorisé à traiter comme contrebande de guerre l'importation du riz, cet aliment de première nécessité pour les Chinois, et à saisir les navires qui le transportaient.

C'était prendre les Chinois par la famine, c'était la fin de la guerre.

La paix fut signée le 9 juin 1885 et la Chine s'engageait à retirer ses troupes du Tonkin qui devenait possession française.

Mais des troubles devaient agiter quelques années encore notre nouvelle colonie. Les pirates n'avaient pas tous désarmé et il devait couler encore bien du sang français avant que la pacification définitive soit assurée.

C'est en 1888, que je me trouvais soldat à Rochefort. Engagé volontaire à dix-huit ans, je comptais déjà une année de service; en Parisien de Paris, j'avais choisi avec intention l'infanterie de marine, séduit par le côté aventureux des voyages et des expéditions lointaines.

Faire une campagne! quel rêve pour un « Parigot », pâle enfant éclos dans un faubourg.

Avec cela que la vie n'avait pas toujours été heureuse à la maison. Le père et la mère étaient tourmentés sans cesse par la lutte pour l'existence; trop souvent aussi, j'avais eu trop chaud l'été et trop froid l'hiver; des souliers percés, des vêtements insuffisants et ridicules, et surtout ce qui m'avait le plus manqué, c'était le pain de l'esprit trop parcimonieusement mesuré, parce que mes parents n'avaient pas de quoi me laisser à l'école jusqu'à seize ans.

Aussi, pendant l'apprentissage, mon plus cher désir était-il de partir, de voir du pays.

Que de fois j'ai envié les enfants riches qui s'en allaient le dimanche ou pendant les vacances, joyeux, heureux de vivre, voir les champs, les bois, les fleuves, la mer!

Nous, nous restions là, mal nourris, mal vêtus, peu caressés, car les parents avaient bien d'autres choses à faire, ne connaissant comme bois que les arbres étiqués des boulevards extérieurs, comme rives de fleuves que les quais maçonnés de la Seine, comme océan que les lacs formés par la pluie dans nos quartiers mal entretenus.

Pour réaliser mes désirs de voyage, je m'étais donc engagé et je devais bientôt atteindre le but que je m'étais proposé. J'ai vu depuis des paysages étranges, des ciels merveilleux, j'ai contemplé des horizons extraordinaires, j'ai côtoyé les types les plus invraisemblables de la création, et volontiers je répéterais aujourd'hui ce qu'a si admirablement exprimé cet écrivain de grand talent, Gérard de Nerval, qui s'écriait après avoir beaucoup voyagé :

— Ainsi, déjà pour moi bien des contrées du monde se sont réalisées, et le souvenir qu'elles m'ont laissé est loin d'égaler les splendeurs du rêve qu'elles m'ont fait perdre.

J'étais donc à Rochefort, lorsque l'ordre arriva d'envoyer un détachement de 750 hommes à Toulon pour embarquer à bord du *Comorin*, navire de la Compagnie, affrété par l'Etat pour le transport des soldats au Tonkin.

Cette nouvelle fut bien accueillie au régiment. La plupart des engagés étant très heureux d'être envoyés aux colonies où l'avancement est rapide, la solde plus élevée, la liberté plus grande que dans les casernements européens.

Et puis, le Tonkin nous apparaissait comme un pays de rêve. Les camarades qui avaient déjà fait campagne là-bas ne tarissaient pas en histoires extravagantes ; je devais, à mon arrivée au Tonkin, rétablir à de justes proportions les récits enthousiastes et quelque peu exagérés de nos anciens.

Le 12 septembre 1888, au matin, on se livrait dans la cour du quartier, à Rochefort, aux derniers prépa-

Buffle au labour dans les rizières.

ratifs du départ. En toute hâte, les paquetages étaient terminés. Puis on quittait la ville au son de « La Marseillaise ». A la gare, la population, accourue en foule, nous saluait de hourrahs répétés, auxquels nous répondions gaiement.

Un coup de sifffet retentit. Le train part. En route pour Toulon, notre première étape.

Nous sommes empilés dans le train avec nos sacs et nos fusils. La journée se prépare fatigante. La joie du début commence à tomber. Mais elle est bientôt revenue grâce à quelque boute-en-train indispensable à toute réunion. On bavarde, on rit, on chante, je regarde de tous mes yeux le panorama qui défile rapidement.

Nous brûlons les stations : Bordeaux, Toulouse, Cette, Montpellier, Nîmes, Marseille et enfin Toulon, où nous arrivons la nuit.

Nous sommes aussitôt dirigés sur les bateaux-pontons qui servent de casernes aux troupes de passage et nous trouvons gîte sur le *Panama*, vieux bâtiment qui vient d'être complètement mis hors d'usage en faisant les écoles à feu de la marine.

Cette arrivée le soir était assez lugubre. L'encombrement était grand, le désordre s'était mis partout et la nuit se passa assez tristement.

Au petit jour, on nous réveille. Les commandants de compagnie rassemblent leurs hommes et l'on commence les préparatifs d'embarquement.

Les compagnies, au lieu d'être réparties par escouades, le sont par *plat*, c'est-à-dire qu'un caporal est à la tête de dix hommes, qui seront à bord toujours ensemble, comme à l'escouade et qu'ils mangeront au même plat; d'où cette dénomination. Le long du quai, nous sommes tous rangés ; les appels sont terminés ; le médecin-major passe une dernière fois auprès des soldats pour s'assurer que tous ceux qui s'embarquent sont en état de faire la traversée.

Après cette visite, les fourriers remettent à chaque *plat* sa batterie de cuisine, qui se compose d'un bidon pour aller au vin et au café, d'un plat et d'une louche. Chaque homme a, bien entendu, sa gamelle individuelle.

Toutes ces opérations terminées, on procède à l'installation à bord. Jusqu'à ce moment je n'ai guère eu le temps de faire attention au bâtiment qui va nous recevoir.

Je regarde le navire énorme qui est à quai et je suis effrayé par cette gigantesque ville flottante, garnie d'une forêt de mâts.

Il est entouré d'une véritable flottille de chaloupes de toutes dimensions, qui paraissent des coques de noix à côté de ce navire géant.

L'ascension du bâtiment commence. Une échelle part du quai jusqu'au pont, et l'embarquement se fait assez vivement. Dès l'arrivée sur le navire, on est dirigé à son emplacement respectif.

Les favorisés sont ceux que la chance de leur rang d'ordre désigne pour aller dans les batteries hautes. Ceux-là, en effet, sont les plus près du pont, et ceux que le hasard malheureux a désignés pour les batteries basses, sont envoyés dans la cale du bateau. Ils ont l'inconvénient d'avoir leurs hublots, sorte de petites fenêtres rondes, qui donnent du jour, fermés hermétiquement pendant toute la traversée ; car le tonnage du navire fait que les batteries basses sont dans l'eau.

Quant à moi, qu'une guigne constante poursuit depuis mon enfance, je suis relégué dans l'entrepont, de manière à ne rien voir, à moins de changement : à midi, tout le monde est placé et les physionomies jusqu'alors désorientées, ahuries, commencent à se rasséréner.

Les chevaux des officiers et les bagages ont été embarqués la veille ainsi que les bœufs, moutons et poulets qui seront consommés pendant ce voyage de plus d'un mois.

Nous avons fait notre couchette, car à ce point de vue nous sommes privilégiés et nos camarades qui partent par les transports de l'Etat, tels que l'*Annamite*, le *Vinh-long*, le *Bien-Hoa*, la *Nives*, n'ont que des hamacs et gare à celui qui n'a pas soin de le ranger ainsi que les cordes ; les sous-officiers pendant leur quart, ramassent tout ce qui traîne et le hamac n'est pas rendu, aussi le négligent passe sa traversée avec, comme lit de camp, le plancher de la cale ou de l'entrepont.

Nous sommes donc favorisés de couchettes superposées et garnies d'un matelas, d'un traversin et d'une couverture.

Lorsque nous sommes définitivement installés, chaque caporal se fait connaître de ses hommes et comme l'heure de la soupe approche, un soldat par plat se rend à la cuisine qui se trouve à l'entrepont et rapporte la nourriture de ses camarades qui se répartissent les parts dans les gamelles de l'équipement.

Toute cette installation d'un millier de personnes s'est faite au milieu d'un brouhaha indescriptible. Une rumeur de ruche en travail emplit l'énorme transport ; le côté comique est représenté par quelques étourdis qui se sont égarés dans la cohue et qui vont et viennent à la recherche de leur plat.

Enfin tout le monde a vite achevé le repas pour monter sur le pont et assister au départ du navire.

Nous devons quitter le port de Toulon à trois heures. Une foule de petits canots portant un peuple de marchands et de curieux surgit de chaque côté du *Comorin* pour profiter de la dernière minute et nous proposer les uns leurs marchandises, les autres de nous escorter jusqu'au delà de Saint-Mandrier.

Soudain des sifflements aigus déchirent l'air : les maîtres de manœuvre commandent l'appareillage. Un commandement retentit et le *Comorin* s'élance en avant. Nous sommes tous sur le pont et nous poussons un cri formidable « Vive la France », la foule nous répond en criant : « Vive la Marine ! vive l'Armée ! » La scène est

empoignante et nous serre le cœur. Il y a là des malins,
des esprits forts qui se sentent troublés étrangement. Nous
ne pouvons pas quitter des yeux la terre de France, la
rade immense, la flotte des bateaux pendant que le soleil
couchant tombe lentement dans la mer immobile.

A bord la vie débordante a fait place à la tristesse du
départ, la bonne humeur des troupiers est revenue et
notre entrain est caractéristique. Dans l'entrepont, autour
de baquets d'eau froide ou sous des douches produites
par d'énormes tuyaux, nous nous réunissons le matin et
au milieu des rires et des lazzis, on fait sa toilette à la
diane.

Pendant ce temps, les marins sur le pont, se livrent à
des danses bizarres, chantent des couplets dans toutes
les langues du globe et la récréation prend fin quand
notre toilette est finie.

Tout le monde a revêtu la tenue coloniale et nous
sommes en bourgeron de toile avec le képi recouvert du
couvre nuque.

C'était la première fois que je voyais la mer et je
passais tout le temps que je pouvais à en admirer les
beautés. Elle me traita bien et alors que beaucoup d'entre
nous eurent le mal de mer, j'échappai à ce malaise si
désagréable. Vraiment le spectacle n'était guère réjouis-
sant de voir les camarades ainsi maltraités et vous vous
imaginez dans quel état était l'entrepont. Aussi je restais
longtemps sur le pont, pendant toute la traversée, et je
laissais les autres jouer aux cartes, lire des romans feuil-
letons ou conter des histoires.

Le cap Corse franchi nous passons très près du volcan
le Stromboli qui est un des rares volcans toujours en
éruption.

Puis c'est la Sicile et le détroit de Messine que nous
traversons le soir. Voilà le fameux passage si dangereux
de Charybde et Scylla, où un tourbillon engloutissait
tous ceux qui essayaient de le franchir.

Il me paraît peu inquiétant pour nous et il ne se
passe rien de remarquable. Six jours après notre départ
nous apercevons le phare de Damiette et celui de Port-
Saïd, nous sommes bientôt en vue du port et la ville
nous apparaît composée d'une réunion de maison de bois
et de briques qui n'ont rien d'oriental. Au fond, on aperçoit un amas de maisons basses, véritables cases de la
ville indigène. Notre transport va faire son charbon et il
pénètre au milieu d'une foule de navires de toutes les
nations. A peine avons-nous stoppé que le service de
santé fait irruption et comme quelques cas de choléra
ont été signalés, on nous met en quarantaine. Impossible
de descendre à terre et je me contente de regarder de loin
le grouillement multicolore de la population où sont
représentés tous les types depuis les Européens jusqu'aux
nègres du Soudan en passant par les jaunes et les métis.
De petits ânes d'Egypte circulent au milieu de cette
cohue et j'aperçois au loin des chameaux qui se reposent
abattus lourdement sur leurs genoux. Je vous laisse à
penser comme ce spectacle si nouveau et si intéressant me
ravit et je m'aperçois trop tard que le chargement du
charbon a occasionné une poussière fine, impalpable qui
pique les yeux et fait cracher tout noir.

Notre route se continue à travers le canal de Suez entre deux déserts de sable jaune comme de l'ocre et dont la réverbération brûle les yeux; quatre lacs sont sur le parcours; Menzaleh, Ballah, Tunsah, Amers, qui ont été utilisés pour le canal.

Notre bateau avance lentement et de loin en loin, nous apercevons quelques chameaux accroupis ou debout, se profilant sur l'horizon. La chaleur commence à être accablante.

Après le charbon de Port-Saïd, c'est le sable fin et âcre qui pénètre dans tout le vaisseau, s'imprégnant aux choses et aux gens.

Le 20 septembre, nous arrivons en rade de Suez, c'est là que les eaux de la Méditerranée viennent se confondre avec celles de la mer Rouge.

Un accident regrettable se produit. Un jeune matelot serrait les cordes des bâches, établies sur le pont pour nous abriter du soleil torride, une corde se brisa et le malheureux tomba à la mer. Malgré les bouées de sauvetage et les canots, il ne put être retrouvé. La mer était cependant très calme, si calme que les marins l'appellent mer d'huile. Peut-être a-t-il été happé au passage par un des requins qui accompagnent les navires. C'est avec un serrement de cœur que nous continuons notre route, et longtemps nos yeux ne peuvent se détacher de ce point de l'océan où un des nôtres a disparu.

La chaleur continue d'être suffocante. Des officiers et des soldats tombent de coups de chaleur. On les frictionne aussitôt avec de la glace, dont le transport est abondamment pourvu, et l'effet en est vraiment salutaire.

Je supporte vaillamment cette température de fournaise; maigre et sec comme un gamin de Paris, je vois autour de moi des gaillards taillés en hercules, affalés, sous ce soleil flamboyant, complètement abattus.

Le 30 septembre, nous sommes à Obock, territoire français, acheté au sultan de Kahita, en 1862, pour la somme de 50,000 francs. Depuis 1884, Obock est occupé par une petite garnison française et un résident.

La chaleur est de plus en plus effroyable. Et nous quittons bientôt ce pays désolé, que tous les voyageurs maudissent pour son climat meurtrier.

A Aden, il vient le long du bord quantité de pirogues faites d'un tronc d'arbre creusé, manœuvrées par des enfants brûlés par le soleil. Ils crient de toutes leurs forces : « A la mer ! à la mer ! » Ce sont des plongeurs qui attrapent les sous qu'on veut bien leur jeter, et qui, infatigablement se précipitent quatre ou cinq pour une pièce de monnaie qu'ils vont chercher sous notre bateau même.

Nous nous engageons ensuite dans la mer des Indes, et depuis le golfe d'Aden, une fraîcheur bienfaisante se fait sentir. Il était temps, le soleil n'était plus supportable.

C'est alors que j'ai été témoin du phénomène, si souvent décrit, de la mer phosphorescente. Par une nuit très belle, d'une clarté inconnue en Europe, nous assistons à ce spectacle magique d'une mer étincelante et comme luisante de pierres précieuses. Cette féerie est produite par l'action de la lune sur la surface des flots.

Les jours se passent assez rapidement et nous approchons du terme de notre voyage. Déjà des odeurs puissantes arrivent par bouffées et nous annoncent l'approche d'un continent. Et voici l'île de Ceylan, l'île merveilleuse des perles et des rubis. Colombo en est la capitale et le lieu de relâche des paquebots qui se rendent en Extrême-Orient. La ville s'étend au milieu d'une forêt de cocotiers, dont les cimes empanachées se balancent mollement agitées par une douce brise; on aperçoit des cases aux toits de tuiles rouges; des clochetons de toutes sortes s'élèvent dans un ciel d'une pureté admirable. Une magnifique jetée, gracieusement arrondie en une courbe parfaite, a été construite dans la rade si belle de Colombo.

Je regarde de tous mes yeux, j'admire la végétation prodigieuse de ce pays, et je ne m'étonne plus à la pensée que, suivant une légende hindoue, Ceylan serait l'ancien paradis terrestre. Ce ne sont qu'arbres géants, banians et cocotiers feuillus. Les banians, hauts comme des cathédrales, ont un tronc noueux énorme; de leurs branches pendent des brindilles qui, tombant jusqu'à terre, prennent à leur tour racine et deviennent aussi grosses que le tronc primitif. Ces arbres couvrent ainsi des espaces immenses.

2

Les Cynghalais sont vêtus d'un simple jupon en indienne rouge, orange ou verte, bigarré de couleurs voyantes; leur torse est maigre, généralement nu, d'une couleur cuivrée chatoyante comme une étoffe de soie aux reflets du soleil; leurs membres sont grêles, leurs cheveux réunis en chignon, surmonté d'un peigne d'écaille blonde.

Nous quittons Ceylan et nous entrons dans le golfe du Bengale. La mer est unie comme un miroir et la chaleur redevient lourde, accablante.

Nous traversons le détroit de Malacca et nous arrivons au port de Singapour, dans une immense rade encombrée d'une quantité de voiliers, de vapeurs, de barques malaises, de jonques chinoises, de pirogues.

A peine sommes-nous amarrés aux appontements à charbon qu'une nuée de Chinois, de nègres, de Malais, viennent nous proposer du tabac, des fruits, des ananas, des bananes, des cocos, des coquillages de toutes les formes et de toutes les dimensions, des coraux rutilants, des cannes, des singes, des perroquets criards.

Toutes ces villes étranges de l'Extrême-Orient nous donnent une furieuse envie de descendre à terre et d'essayer de pénétrer les mystérieuses demeures que nous soupçonnons si curieuses et si intéressantes, mais la consigne nous oblige de rester à bord et nous partons avec le regret des choses que nous n'avons pu voir et l'espérance de nous contenter à notre arrivée en Indo-Chine.

Encore quelques jours de navigation et notre curiosité sera satisfaite.

Notre navire s'engage dans le golfe de Siam, nous
passons devant les îles Poulo-Condor,qui appartiennent
à la France, et enfin, le 15 octobre, nous saluons une
terre française : l'Indo-Chine.

A marée haute, nous entrons dans la rivière Donnaï,
qui conduit à Saïgon. Le pays est absolument plat et,
pendant quatre heures, c'est un défilé de plaines recou-
vertes de palétuviers enchevêtrés comme des lianes ;
de rizières à moitié inondées, de buffles regardant filer
notre bateau, d'Annamites hommes et femmes, dans
l'eau et la vase jusqu'à mi-cuisses ; bref, un tableau
d'une monotonie désespérante, d'une couleur triste,
lamentable.

A l'entrée du fleuve Donnaï, au moment où un
pilote est venu prendre place pour diriger le navire, le
timonier qui était de quart à ce moment, — nous étions
arrivés le soir et il était environ 9 heures, — veut relever
le loch (le loch est une pièce de bois triangulaire atta-
chée à une corde à nœuds, appelée ligne de loch, que
l'on jette à la mer, quand le navire est en marche, et qui
sert à mesurer la vitesse), un coup de tangage le fait
tomber et un cri de : « Un homme à la mer » retentit
sinistre dans la nuit.

Aussitôt le marin, placé en faction auprès de la bouée
de sauvetage, prend sa hache et coupe d'un coup la
corde qui la retient. Celle-ci en tombant dans la

mer fait jaillir une flamme destinée à guider le malheureux qui se noie. Le navire a stoppé immédiatement.

Quelques instants s'écoulent, les canots sont mis à la
mer. Un frisson d'épouvante nous secoue dans l'attente
du résultat de ce tragique événement. Enfin, le timonier
est sauvé. Lorsque les canots sont arrivés auprès de la
bouée, il avait pu la saisir et couché dessus, harassé, il
était temps qu'on vînt à son secours. Durant huit jours
le timonier ne put reprendre son service.

Un autre accident qui fut suivi de la mort d'un de nos
camarades eut lieu dans cette triste soirée.

C'était un caporal, parti de France avec nous. Notre
navire était à quai, et défense formelle avait été faite de
descendre à terre. Seules les troupes qui allaient séjour-
ner en Cochinchine devaient partir le lendemain.

Ce caporal montait au Tonkin et il voulut passer
quand même la soirée à terre, bien que les ordres fus-
sent très sévères. A la faveur de l'obscurité, il glisse le
long d'une amarre, mais il est surpris dans sa descente
par un sous-officier qui lui crie : « Arrêtez! ». L'autre
prend peur et, croyant sauter sur le quai, se laisse
dégringoler. Il tombe, mais entre l'appontement et le
navire.

Cette fois encore, la bouée fonctionne, les canots
aussi, mais en vain. Les recherches dans cette nuit
noires sont difficiles et le lendemain on retrouvait le
corps du caporal, victime de sa désobéissance, à quelques mètres du bâtiment, dans l'enchevêtrement des
poutres qui soutiennent les quais.

Conduite d'un porc au Marché.

Saïgon nous apparut moins pittoresque que Singapour et que Ceylan, mais la végétation, quoique plus clairsemée que dans cette dernière ville, est aussi luxuriante, surtout si l'on songe qu'à la place où s'élève aujourd'hui cette colonie, se trouvait autrefois un marais.

De belles et larges rues et des routes très bien entretenues permettent de circuler en voiture et de faire de longues promenades ; la rue principale de Saïgon est la rue Catinat, où l'on voit les principaux commerçants chinois : les tailleurs, les blanchisseurs, les marchands de bibelots. Cette rue conduit à la cathédrale, lourde et massive construction de briques rouges sans aucun caractère.

Le palais du gouvernement est une vaste construction, un des beaux morceaux d'architecture de l'Extrême Orient, construit par les Européens.

L'aspect des rues est extraordinaire d'animation. On y rencontre surtout des Chinois qui détiennent tout le commerce, le grand comme le petit.

Saïgon est la dernière escale des navires qui se rendent au Tonkin et après y avoir laissé les camarades qui devaient rester en Cochinchine, nous redescendons le Donnaï et quelques heures après notre départ, nous pénétrons dans la mer de Chine.

Pendant deux jours nous côtoyons l'Annam et sur les flancs des montagnes qui ferment l'horizon, nous ne voyons que plaines cultivées et riches villages, avec leurs maisons aux toits en paillottes et leurs rizières inondées.

A Tourane, nous avons à débarquer quelques marsouins qui vont en relever d'autres ayant fini leur temps, mais ils descendent au large, la profondeur de la mer à cet endroit ne permettant pas de s'approcher de la côte, du reste très sablonneuse et couverte de dunes basses.

Des rochers se dressent devant nous, des rochers bizarres, de formes et de dimensions colossales, que nous longeons, stupéfaits de cette arrivée fantastique dans un pays aussi tourmenté. La baie d'Along, où nous jetons l'ancre, donne une impression indescriptible. On a l'étonnement d'un spectacle inconnu et auquel on n'aurait jamais pu penser.

A bord, depuis le débarquement fait à Tourane, chacun s'était mis en demeure de nettoyer ses effets ; on s'assure que le sac est complet et chacun cherche qui une brosse, qui un pantalon, dont un camarade à qui l'objet fait défaut s'est emparé sans aucun scrupule.

Tous les rochers au milieu desquels nous avons navigué, sont couverts d'une quantité innombrable de singes, dont les gambades et les grimaces sont des plus réjouissantes. Nous avons rencontré également des sampans, ou embarcations des naturels du pays, sur lesquelles ils vivent complètement. Tous les hommes qui les montent se livrent aux douceurs de la pêche et le tableau est très pittoresque. A les voir si paisibles, qui les soupçonnerait d'être pour la plupart de hardis pirates. Nous verrons par la suite quels redoutables adversaires se cachent sous ces apparences débonnaires.

Donc nous avons stoppé dans la baie d'Along et la

nuit est venue. Avant le jour nous sommes sur le pont
et nous ne nous lassons pas du spectacle de ces rochers
où croît une végétation sauvage. Nous nous remettons
en marche jusqu'à dix heures du matin; il y a des endroits où nous sommes enserrés entre deux rochers et
où il n'y a pas trois mètres d'espace entre chaque côté
du navire.

Le pilote est signalé, qui doit nous faire doubler la
passe d'Haïphong, le port de débarquement.

Il arrive dans une chaloupe à vapeur; il est quatre
heures lorsque nous sortons de la baie d'Along et cinq
heures lorsque nous arrivons à Haïphong.

Le long du fleuve qui va du port à la mer, nous
remarquons des habitations européennes assez bien
construites, les établissements de la douane, des magasins généraux et un arsenal dans lequel la marine fait
les réparations exigée par la flottille du Tonkin. Un
poste d'infanterie de marine nous salue en passant.
Nous sommes arrivés et heureux de descendre enfin à
terre, après trente-deux jours de traversée. Non sans
émotion, nous quittons le *Comorin*, plusieurs d'entre
nous disent au revoir au navire en criant de revenir les
reprendre dans deux ans.

Le fleuve Rouge, aux bras innombrables, est une des
principales sources de richesses du Tonkin, mais il
n'est pas navigable partout et nous embarquons sur
une canonnière des Messageries fluviales qui va nous
conduire à Hanoï. La canonnière s'appelle le *Tigre*, et

nous aurons bientôt l'occasion de voir, en chair et en os, l'animal qui porte ce nom.

On se case tant bien que mal sur l'étroit transport, mais nous sommes empilés comme des sardines, et ce sera la plus mauvaise nuit que nous aurons supportée de tout le voyage, que celle passée à bord de la chaloupe.

Couchés sur le pont, sur le plancher dur, avec, comme ciel de lit, la voûte céleste et rien pour reposer la tête, nous grelottons de froid, surtout lorsqu'au matin, une pluie fine commence à tomber. Mauvaise nuit de début, augmentée des piqûres incessantes des moustiques avec lesquels nous faisons pour la première fois connaissance.

Aussi, bien avant l'appareillage, sommes-nous tous debout à piétiner sur place. Nous nous mettons en route, laissant le fleuve Rouge pour le Song-Tan-Bac, petit arroyo qui traverse la ville et poursuit son cours dans la direction d'Hanoï.

Nous croisons une multitude de jonques et de sampans, aux poupes énormes, ornées et peintes comme nos anciens vaisseaux. L'avant est très bas sur l'eau, des vergues, des espars, des choses sans nom dépassent tout autour, tandis que des fumées bleuâtres montent au-dessus de ce fouillis, car le chinois et l'annamite, boivent ou fument presque tout le temps.

La rivière dans laquelle nous naviguons est étroite, les berges sont basses et plates, plantées de riz. De loin en loin, des villages annamites semblent des bouquets d'arbres, car ils sont entourés de hauts bambous,

Sampans aux bords du fleuve Rouge.

plantés sur une élévation de terre à usage de fortification.

De temps à autre des habitants apparaissent faisant travailler de gros buffles au corps visqueux, aux cornes énormes.

Pas un pouce de terrain n'est perdu comme culture.

Plusieurs heures durant nous avons comme horizon la montagne de l'Éléphant, ainsi nommée à cause de sa silhouette qui donne bien l'impression d'un dos d'éléphant passant derrière les montagnes du premier plan.

L'eau de la rivière est d'un rouge ocreux ressemblant à de la brique pilée et délayée.

De la mer à Hanoï, les canonnières mettent 24 heures à franchir les 194 kilomètres en parcourant la voie du Song-Tan-Bac.

Lorsque nous arrivons à Hanoï, nous apercevons seulement, à cause d'un coude formé par le fleuve, la *Concession* où sont installés les états-majors, le général en chef, l'hôpital, les magasins de la marine, le Trésor, etc. Le centre de la ville et la citadelle sont à près de 4 kilomètres du bord du fleuve.

A peine sommes-nous signalés que les soldats du Poste de la Concession viennent en courant au-devant de leurs camarades de France; on s'interroge et des loustics crient à tue-tête pour nous intimider : Tonkin, Hanoï, 24 mois d'arrêt, buffet, cimetière.

Les Annamites nous regardent, l'air un peu effaré et ils bavardent dans leur langue, ce qui nous intrigue fort, car nous ne comprenons pas un traître mot à ce qu'ils disent. Plus tard nous pourrons leur répondre. Après quelques instants de repos, les sergents-majors nous classent par détachement pour être versés dans une compagnie à la citadelle qui sert de logement à la garnison.

Nous devons former un spectacle assez pittoresque avec notre tenue plus ou moins à l'ordonnance. Nos vêtements sont froissés, les sacs n'ont pas eu d'astiquage depuis près de deux mois, beaucoup d'hommes tirent la jambe, d'autres sont encore tout malades du mal de mer qui les a affaiblis ; presque tous marchent avec peine, les souliers leur meurtrissant les pieds. Nous nous mettons en route pour la citadelle. La musique du régiment est venue nous chercher et nous fait faire une entrée triomphale dans la ville, aussi triomphale que le permet notre aspect plutôt peu soigné. Enfin les airs entraînants qu'on nous joue électrisent les plus démoralisés et nous ne faisons pas trop mauvaise figure devant les Annamites qui nous dévisagent, l'air moqueur.

Comme dans tous les pays du monde les gamins indigènes, les mêmes sous toutes les latitudes, courent en avant, sur les côtés de la colonne en criant « *Langsa* » ce qui en annamite signifie Français.

À travers les rues circule tout un peuple qui fourmille et semble très affairé. Les indigènes portent tous quelque chose : les uns des fardeaux suspendus à chaque extrémité d'un bambou plat reposant sur l'épaule du porteur, les autres traînent péniblement des charrettes à une roue, surchargées de sapèques, monnaie du pays dont il faut un kilogramme pour faire cinquante centimes ; d'autres disparaissent sous d'immenses paquets de branchages ne laissant voir que leur tête et le bas de leur corps absolument nu. Des petites voitures à capotes, appelées pousse-pousse circulent traînées par des Annamites et montées par des Européens. Ces voitures sont les seules qui peuvent circuler dans les rues étroites de la ville indigène.

Nous traversons le quartier européen qui a des rues aussi larges que celles de France. Nous arrivons à la rue Paul-Bert, ancienne rue des Incrusteurs, où se trouve la sapèquerie et le camp des lettrés. Cette rue est très longue, elle a vingt mètres de large avec de beaux trottoirs plantés d'arbres, et bordée de belles maisons européennes qui se touchent presque et au rez-de-chaussée desquelles se trouvent de luxueux cafés et de riches magasins ; on voit quelques maisons d'indigènes faisant du commerce, mais surtout habitées par des Chinois et très peu d'Annamites.

Un très bel endroit, recherché, est le petit lac qui longe la rue Paul-Bert. Situé entre la rue des Brodeurs et le boulevard du Lac, c'est un lieu charmant de promenade. Il renferme deux îlots dont l'un, très petit, est tout entier occupé par un kiosque minuscule qui ressemble à une pièce de pâtisserie ; l'autre est réuni à la terre ferme par un pont de bambous et renferme une des plus belles pagodes d'Hanoï.

Nous traversons ensuite la ville indigène dont chaque rue porte le nom de son industrie : ainsi la rue du Cuivre, rue de la Soie, rue du Chanvre, rue des Brodeurs, rue des Cercueils, rue des Bambous, rue des Pavillons-Noirs, rue du Papier, rue des Chaudronniers. La rue des Brodeurs, entre parenthèses, est plus amusante que la rue du Poisson et elle sent moins mauvais.

Les rues chinoises sont dallées de larges pierres juxtaposées, et chacune d'elles a à son entrée une grande porte ornée de lettres chinoises et de chimères. Ces portes ne sont que des murs en pierre percés d'une ouverture suffisante pour laisser un passage libre, le soir; l'ouverture est fermée au moyen de poutrelles de bois qui s'engagent dans la partie supérieure du mur et qu'il suffit de laisser tomber dans des trous pratiqués à la porte inférieure pour obtenir la fermeture.

Nous voilà enfin devant les murs d'enceinte de la citadelle qui se trouve placée tout à l'extrémité de la ville d'Hanoï.

Elle est en briques et a la forme d'un carré de près d'un kilomètre de côté.

Elle a été construite à la fin du siècle dernier par le colonel du génie Ollivier qui ne se doutait guère que moins d'un siècle après, elle serait assiégée par les troupes françaises.

Une partie de ses remparts a été rasée par le commandant Rivière, mais le tout a été réparé depuis et elle forme actuellement un ouvrage très important. Sur chaque face s'élèvent trois bastions. Au-dessus de chacune des 5 portes se trouve un mirador de 20 mètres; c'est une construction légère servant de corps de garde.

Nous franchissons une première porte et nous passons sur un pont jeté sur le fossé des fortifications de la citadelle. A une seconde porte, un poste nous rend les honneurs.

Chaque détachement est conduit en face du bâtiment où sa compagnie est casernée et, à partir de ce moment, va commencer pour le marsouin, qui a déjà un an ou six mois de service en France, un nouveau genre de vie.

Des camarades que l'on s'était fait à bord du transport sont désignés pour rejoindre leur compagnie dans des postes avancés, on se quitte après s'être serré la main et en se faisant force protestations d'amitié.

Depuis peu de temps, la distribution des effets coloniaux s'opère avant de sortir de France, mais à l'époque où se passent les événements que je raconte, on arrivait au Tonkin avec le képi couvert du couvre-nuque ; aujourd'hui on part avec le casque colonial, les flanelles et des effets blancs pour faire la traversée.

Donc, notre première occupation consiste à nous rendre au magasin d'habillement où on nous délivre des effets de toile que l'on doit porter le jour : un cachou, un pantalon blanc, un pantalon de drap en flanelle bleue, le casque surmonté d'une ancre en cuivre pour l'infanterie de marine, d'une grenade pour l'artillerie et une jugulaire vernie ; une paire de souliers sur laquelle on adaptera les guêtres en cuir dont on a eu soin de se munir au départ à Toulon, ces guêtres étant indispensables dans le pays marécageux, pour les colonnes en reconnaissance ; un fusil, car nous étions partis sans armes, des cartouches distribuées sur le pied de guerre, 12 paquets dans la cartouchière de poitrine, 3 dans chaque cartouchière de ceinturon. La cartouchière **de** poitrine est en toile et fixée par deux bretelles passant sur les épaules et une courroie faisant le tour du corps. Nous sommes prêts à subir la visite d'inspection. C'est le sergent-major qui commence, le capitaine ensuite, le commandant, puis le colonel qui fait connaissance avec les nouveaux arrivés.

J'oubliais une chose importante au point de vue de notre tranquillité personnelle, la distribution des moustiquaires accueillis avec joie, tant les affreux et impitoyables moustiques sont exaspérants.

Dès que nous sommes libres, après avoir été prendre une douche dans des locaux aménagés à cet usage, et nous être légèrement restaurés, conduits par des anciens nous faisons le tour de la citadelle.

Dans son enceinte se trouvaient autrefois d'immenses magasins de riz qui ont été transformés en hôpital ; d'autres constructions ou des pagodes servent de logements aux troupes ; excepté la pagode de Deng hong qui passe pour avoir été le tombeau des anciens rois d'Annam, et qui est perdue au milieu d'arbres séculaires.

Au centre de la citadelle d'Hanoï se dresse une tour d'environ 40 mètres de haut, véritable observatoire d'où l'on découvre toute la région environnante et où avait été installé le télégraphe optique servant à relier Hanoï aux autres postes du Delta. Aujourd'hui on y élève des pigeons voyageurs.

Une deuxième enceinte sert à protéger la pagode royale précédée d'un long escalier à rampe de granit sculpté qui donne accès à une vaste terrasse. Cet escalier est divisé en trois parties : une centrale réservée au roi seul et deux latérales réservées aux mandarins de sa maison. Des dragons en granit servent de séparation. C'est dans cette pagode que les empereurs d'Annam venaient prêter serment de suzeraineté à l'empereur de Chine.

De la pagode royale partent cinq routes qui se dirigent vers les cinq portes.

1° La porte Est, qui va à la ville chinoise et à la concession, où se trouvent l'infirmerie, le cimetière, les bâtiments de l'artillerie et la prison militaire.

2° La porte Nord qui conduit au fleuve, le magasin d'armes, les jardins cultivés à l'usage de l'approvision-nement des troupes.

3° La porte Sud-Ouest, qui mène à la digue extérieure, les logements des officiers, le poste de police et la salle de police, les prisons du corps, l'atelier de l'armurier et divers locaux affectés à la lingerie, au blanchissage.

4° La porte Sud-Est qui mène à la ville annamite.

5° La porte Ouest qui mène à Son-Tay avec les bâti-

ments pour les tirailleurs annamites, l'arsenal, l'artillerie.

Du haut de la tour de la citadelle on aperçoit au sud
la route mandarine d'Hanoï à Hué : au sud-ouest les
rives du Day ; au sud-est le camp des lettrés, la mission,
l'ancienne sapéquerie, la rue Paul-Bert et l'ancienne
concession dans la direction d'Haïphong ; au nord le
grand lac et le canal des Rapides à l'endroit où il aboutit
au fleuve Rouge ; au nord-est Palan avec son mirador,
et dans le lointain les hautes montagnes qui avoisinent
Son-Tay ; enfin au nord-est et au premier plan, la ville
d'Hanoï, le fleuve Rouge et au loin les collines qui
avoisinent Bac-Ninh.

Cette première visite achevée, nous avons remercié les
anciens qui avaient bien voulu nous donner tous les
renseignements qu'on vient de lire et comme l'excursion
avait été fatigante pour notre premier jour d'arrivée,
nous allons enfin coucher dans un vrai lit, heureux de
nous reposer après ce long voyage et tranquilles à peu
près sur notre sort, car il a été décidé que nous resterions
quelques mois en garnison à Hanoï.

Quant à nos camarades qui partent ces jours prochains
en colonne expéditionnaire, combien s'endorment ce
soir tranquillement, que nous ne retrouverons pas sur
le transport qui nous rapatriera dans deux ans ; ils seront
restés sur cette terre inhospitalière, morts des fièvres et
enterrés dans quelque triste cimetière, loin de ceux qu'ils
aiment, loin de leur pays ; d'autres encore moins favorisés, si j'ose m'exprimer ainsi, enfouis dans la brousse

après avoir été mutilés horriblement par les pirates et sans que personne vienne jamais à l'endroit où ils sont morts obscurément pour la Patrie, déposer ni une larme ni une fleur.....

UN SÉJOUR AUX PETITS POSTES

UN SÉJOUR AUX PETITS POSTES

Après trois mois de séjour à Hanoï, dont un passé en colonne sur la frontière de Chine, aux environs de Mon-kay, plusieurs de mes camarades et moi furent dirigés sur Phu-Lang-Thuong, qui se trouve sur la route mandarine de Hanoï et de Bac-Ninh, se prolongeant jusqu'à Lang-Son.

Cette route traverse de jolies rizières jusqu'à Phu-Lang-Thuong, où elle franchit la rivière Song-Thuong, affluent du Song-Cau. Cet affluent est navigable pour les canonnières jusqu'à Phu-Lang-Thuong et ce poste est ainsi en relations constantes et sûres avec Haï-Phong.

Le village de Phu-Lang-Thuong, bâti sur le bord de la rivière, dans une jolie situation, n'a pas une grande importance commerciale, mais sa position stratégique est excellente. Il domine la route de Lang-Son et il est aisé de le ravitailler par eau en tout temps. C'est ce qui a fait choisir cette localité comme centre d'une division militaire. On y a construit une redoute qui domine la route et la plaine, des logements pour les officiers et les troupes. L'effectif du poste de Phu-Lang-Thuong était d'une compagnie d'infanterie de marine, d'une compagnie de tirailleurs annamites, d'une vingtaine d'artilleurs et du dépôt de la légion étrangère.

Entre Dap-Cau et Phu-Lang-Thuong, la route passe dans les rizières, entre des collines herbeuses, quelquefois surmontées de petits bois de pins parasols. Des pagodes, entourées de beaux arbres, servent de lieux de repos.

Les rizières de cette région mamelonnée sont étagées dans des vallons en cuvette, dont le fond se remplit d'eau pendant les pluies. Cette eau est élevée, par les habitants, d'étage en étage jusqu'aux rizières supérieures. Les villages sont entourés de grandes haies de bambous plantés sur des talus en terre formant de véritables fortifications. Cette contrée a toujours été fréquentée par des bandes de pirates chinois contre lesquels les villages étaient obligés de se protéger solidement.

Au delà de Phu-Lang-Thuong, la route traverse d'abord une plaine, puis elle circule dans des vallées jadis cultivées en rizières, aujourd'hui dépeuplées, transformées en marécages.

Notre compagnie fournissait des détachements à deux postes avancés, Kep et Bac-Lé.

Kep est un poste militaire bâti sur une jolie colline boisée qui domine à pic une plaine riche et bien cultivée en rizières.

Bac-Lé n'est qu'un pauvre village, composé de quelques cases, dans un lieu presque inculte.

Dans ces postes, à cause des incursions fréquentes des pirates, nous étions obligés de faire souvent des reconnaissances. En temps ordinaire, voici la vie que nous menions au campement. La compagnie d'infanterie de marine fournissait un sergent, un caporal et dix hommes tous les mois; plus tard la durée de ce service a été réduite à quinze jours ; les tirailleurs annamites restaient trois mois. Le poste de Bac-Lé, comme celui de Kep, était sous la direction d'un lieutenant, de deux sous-officiers français avec une section de tirailleurs, et d'un sous-officier, d'un caporal et dix hommes.

Bien des postes dans le genre de celui de Kep ou de Bac-Lé, mais qui ont moins d'importance, se trouvent sous la direction d'un ou deux sous-officiers français ayant sous leurs ordres une section d'indigènes.

A Bac-Lé, nous avions la garde du poste qui commandait la route mandarine et, à cette époque-là, c'était la seule route vraiment praticable existant au Tonkin. Les chemins de communications étaient ordinairement une bande de terre laissée entre chaque rizière et pouvant avoir cinquante centimètres de large. La route mandarine ressemblait à une de nos routes nationales.

Nous assurions l'escorte du service des « trams », ou courriers annamites : ces trams sont de bons marcheurs qui portent les plis à l'extrémité d'un bambou fendu dans lequel ils sont enclavés. Quand ils rencontrent un Européen, ils ne manquent jamais de lever leur bambou de toute la longueur de leur bras : c'est leur façon d'indiquer qu'ils sont porteurs de plis administratifs ou particuliers et qu'ils sont revêtus du privilège de n'être inquiétés par personne. Ils ont des relais fixes, au nombre de 36 entre Hué et Hanoï; la plupart des trams franchissent cette distance en quatre jours. C'était un indigène qui prenait ce service à Kep, poste desservi par le chemin de fer alors en construction; de Phu-Lang-Song à Kep il y a 18 kilomètres : il y a en 42 jusqu'à Bac-Lé.

Entre Kep et Bac-Lé, il y avait un des petits postes dont je parlais plus haut, défendu par une section de tirailleurs commandés par un sous-officier : c'est Hué-Ganh.

Bien entendu, lorsque nous faisions une reconnaissance nous ne nous aventurions pas très loin ; les quinze fusils que nous étions n'auraient pu tenir dans cette région montagneuse où les embuscades sont si faciles et si meutrières.

Quand notre temps n'était pas employé par l'escorte des convois et les reconnaissances, nous faisions des travaux de terrassement pour le poste, dont la solidité laissait à désirer.

Figurez-vous, en haut d'un mamelon de 70 à 80 mètres quelques « cagnhias », maisons en terre et en paille, avec couverture en tuiles ou en paille de riz. Un petit relèvement de terre et une palissade de madriers, avec fossé, et une seconde palissade en bambous croisés, de

Maître d'école Annamite.

3 à 4 mètres de haut, constituaient la défense de notre blockhaus,

> Sur lequel le drapeau tricolore
>
> Se déroulait au vent dans l'azur infini.

Aussi, pour la surveillance de la frontière de Chine, avait-on décidé de construire des petits forts de dimensions restreintes, de manière à pouvoir être défendus par quatre ou cinq hommes, et qui seraient construits en pierres ou en briques par nous et les corvées de la population.

Nous avions un lit de camp comme dans les salles de police, avec un matelas et une couverture, pas de draps, ce qui faisait dire aux camarades qu'ils étaient plus vite blanchis.

Souvent les journées nous paraissaient bien longues, interminables, et nous en étions arrivés à accueillir avec joie les escarmouches avec les pirates, ce qui mettait un peu d'imprévu dans notre existence monotone,

De neuf heures du matin à trois heures de l'après-midi, la température est si accablante que les Européens sont obligés de faire la sieste, et il était du reste expressément défendu de sortir des bâtiments; les uns jouaient aux cartes, les autres regardaient les journaux illustrés que nous recevions de France avec notre cher courrier.

Oh ! les jours de courrier, comme ils étaient attendus avec impatience, avec anxiété !

Nous étions toujours affamés de nouvelles et quand le bienheureux moment était arrivé, quand la distribution des lettres était faite, quand on avait répondu à l'appel de son nom, avec quelle hâte fiévreuse on déchirait les enveloppes et on prenait connaissance de leur contenu !

Lettres de famille, lettres d'argent, lettres de cœur, toutes les nouvelles étaient accueillies avec des frissons de joie, des cris de plaisir.

Et cependant dans ces envois, parfois des camarades étaient oubliés et leur tristesse s'augmentait de toute l'exubérance de notre bonheur.

Ah ! le « Rien pour vous » du vaguemestre, comme cette parole était douloureuse pour les oubliés ou les négligés. A côté d'eux, ils voyaient leurs compagnons froisser nerveusement leurs lettres, et les lire et les relire encore. C'était un peu de la France qui arrivait là-bas, dans ce coin perdu du monde et quelle que soit la nouvelle apportée par le courrier, on était heureux tout de même de voir qu'on n'avait pas perdu le souvenir du petit marsouin qui faisait son devoir à des milliers de lieues de la mère-patrie, et on avait tout à la fois envie de pleurer et de rire.

Parfois aussi, à l'appel de son nom, un camarade ne répondait pas et le chiffon de papier retournait au pays avec cette mention lugubre, « mort à l'ennemi ».

Quand le lieutenant nous voyait tristes, mélancoliques, en proie à cette nostalgie mystérieuse qui vous terrasse et vous abat au point de ne plus penser et de ne plus

agir, comme c'était un bon garçon très solide et peu
enclin à l'humeur noire, il nous réunissait et on organi-
sait une réunion. Alors, il suffisait d'un farceur qui
contait une histoire amusante pour rompre la torpeur
qui nous envahissait et chacun se piquait d'émulation
pour chanter et faire rire.

Des groupes de pays se formaient; nous étions cinq
Parisiens, les autres étaient du Midi et rien n'était plus
curieux que de voir et d'entendre les « parigots » dire
des choses très gaies, très drôles, tandis que les méridio-
naux, à l'ordinaire en France si intarissables et si vibrants,
nous chantaient les refrains les plus mélancoliques de
leur répertoire.

Le soir, le lieutenant venait aussi avec nous et on im-
provisait un concert. Assis sur nos lits de camp, les uns
tapaient sur une gamelle, les autres sur les bidons en fer
blanc, et cette cacophonie nous réjouissait l'esprit, et le
cœur : cela ressemblait bien aux musiques annamites,
ça n'était ni mieux ni plus mal, c'était plus bruyant, et
bien souvent on entendait des bruits étranges sortir
du poste et des accompagnements bizarres, à l'orchestra-
tion barbare, troublaient la sérénité majestueuse et
tranquille des belles nuits d'Orient.

La sécurité était assurée par un service de garde
composé de deux sentinelles françaises et deux « *linh-tap* »
ou tirailleurs annamites. Le sous-officier et le caporal de
l'infanterie de marine faisaient une ronde intérieure
toutes les heures pendant la nuit.

Il arriva quelquefois que le poste fut mis en éveil par

la visite des tigres qui venaient rôder aux environs du blockhaus, d'autre fois aussi par rien. En effet, il y a des mouches à feu aussi éclatantes que les yeux du tigre dans la nuit et il n'est pas rare de voir une sentinelle trompée par un vol parallèle de deux de ces mouches, crier alors « aux armes ! » et réveiller le poste.

A Bac-Lé, comme dans tous les postes, les femmes et les enfants des tirailleurs annamites ne logent pas avec eux. Ils sont enrégimentés et par conséquent logent au casernement, mais ils ont la faculté de se faire suivre de leur smala qui s'installe tant bien que mal à proximité du poste, mais toutefois en dehors des fortifications, c'est-à-dire à environ 200 mètres.

Ils habitent de pauvres *cagnhias* en bambous avec trois ouvertures ; une, servant de porte, deux autres, de fenêtres. Dans cette chambre, qui sert tout à la fois de chambre à coucher, de salle à manger, de cuisine et d'étable pour les petits cochons noirs du Tonkin, la femme et les enfants vivent pêle-mêle dans une saleté répugnante. Les tirailleurs annamites en dehors de la caserne ou du poste où ils ne peuvent pas rester confinés, ont donc le droit de vivre à leur guise et ils passent tout leur temps libre avec leur famille.

Un jour, un *linh-tap* oublia de rentrer, à l'heure de l'appel, au quartier. Il était environ dix heures du soir et jamais on ne doit sortir de nuit sans torche, à cause du tigre qui a peur du feu.

Le tirailleur se dirige du côté de la porte principale du poste et donne le mot d'ordre à la sentinelle. Celle-ci avertit aussitôt le sous-officier de ronde qu'un tirailleur arrivait en retard. Au même instant on entend un rugissement formidable et un tigre se jette d'un bond sur le pauvre tirailleur et l'entraîne dans la forêt.

Tout le poste est bientôt en armes et, comme nous ne nous déshabillons jamais, nous avons vite fait de passer notre ceinturon et d'armer notre fusil. A peine sommes-nous dans la cour que le lieutenant apparaît et s'inquiète de tout ce mouvement. Il est rapidement mis au courant. Quinze fusils sont désignés pour aller à la poursuite de monsieur le tigre, mais c'est plutôt par acquit de conscience, car il doit être loin depuis les quelques minutes qui se sont écoulées.

A des traces de sang, nous suivons la piste jusqu'au commencement du bois, mais la brousse est si drue, si inextricable, que ce serait folie de vouloir continuer les recherches. Le linh-tap avait payé de sa vie son imprudence ; il est vrai que souvent les indigènes ne sont guère à l'abri dans leur demeure en paille, fermées de fenêtres de papier, et que Monsieur Quan-houm, le tigre, vient les y chercher quand il est pressé par la faim.

A plusieurs reprises, des attaques de pirates eurent lieu, trop loin malheureusement de notre poste pour que nous puissions quitter celui-ci sans danger grave et aller secourir les habitants des villages attaqués.

On entend quelques coups de fusil dans une direction quelconque ; on aperçoit au loin une bande nombreuse de pirates chinois, et on reste là impuissants, sans pouvoir abandonner le poste. Quelque temps après la fusillade, une épaisse fumée s'élève de l'endroit que les pirates attaquent ; ils ont mis le feu à un village tout entier après avoir massacré des centaines d'hommes, de femmes et d'enfants: auparavant ils ont tout volé, tout pillé, et ils sont repartis dans leurs montagnes avec un butin énorme.

Dans certains postes, la nourriture était plus qu'abondante ; à Bac-Lé nous étions bien rationnés, à condition que le convoi apportant les vivres n'eût pas été attaqué en route. Dans ce cas, les Annamites qui descendent de la haute région avec des poules, des œufs, etc., pour ravitailler le marché, s'arrêtent pour attendre que la tranquillité soit rétablie. Et alors on ne trouve pas grand'chose au village.

Les marchés annamites se trouvent au centre des villages, sur une place rectangulaire dont le sol est soigneusement battu et qu'entourent les boutiques des principaux marchands annamites ou chinois, les fumeries d'opium et les auberges.

Dans les centres un peu riches, les vendeuses sont protégées contre le soleil et la pluie par des hangars couverts en tuiles. Dans les villages pauvres, ce sont de simples paillotes ou même de petits abris en feuilles de palmier supportés par quatre piquets et ne couvrant qu'une seule marchande.

Quand le marché se tient au bord d'un arroyo, la plupart des femmes y vont dans de petits sampans. Debout, l'une à l'arrière, l'autre à l'avant, elles manœuvrent à deux mains les longues rames supportées par des tolets

très hauts, et nasillent un chant monotone, tandis que les
marmots barbotent dans le fond de la frêle embarcation
parmi les concombres, les courges, les noix d'arec, les
cocos, les poissons, les volailles et les petits cochons
tout noirs.

Il y a de tout dans les marchés annamites et leur aspect
est vraiment très pittoresque ; on s'y rend à des jours
déterminés de tous les villages environnants et ils rap-
pellent par leur animation les grandes foires de France.

Chaque marchandise a sa place marquée. Voilà d'a-
bord le marchand de riz cuit à l'eau, à l'étouffée ; le client
passe, avale son bol de riz, avec ses baguettes en guise de
fourchette, puis il va à côté, chez le marchand de thé, qui
lui donne à boire dans de charmantes petites tasses toutes
bariolées de dessins.

Là, c'est la boucherie, où l'on débite par tranches un
chien roux, petit, analogue à nos roquets ; il est là tout
pantelant ou bien en quartiers aplatis et desséchés comme
de la morue. Plus loin, c'est la boucherie de porc qui
fait le fond de la nourriture annamite ; tantôt on le vend
par tranches, tantôt on le vend vivant, empaqueté dans
un panier si étroit qu'il ne laisse point de place à l'animal
pour aucun mouvement. Aussi il faut entendre les cris
et les grognements de l'enfermé. Une marchande, accrou-
pie sur ses talons, vend pour faire de la colle, des vessies
natatoires de poissons, toutes fraîches, gonflées par l'air,
luisantes, blanchâtres et irisées ; une autre débite des
chiques prêtes pour la mastication, la feuille verte du
bétel enduite de chaux et pliée autour d'un morceau de
noix d'arec. Voici de petits crabes noirs ramassés dans

les rivières, disposés en brochettes, les pattes passées entre deux baguettes de bambous.

Dans le fond d'une échoppe, vous apercevez des animaux noirs pendus par des ficelles ; vous vous approchez et vous reconnaissez de gros rats d'égouts qui tout à l'heure seront hachés en petits morceaux et feront le régal de quelque marchand heureux de pouvoir s'offrir semblable friandise.

Là, un Annamite a confié ses oreilles à un nettoyeur, qui est occupé à les lui récurer au moyen de tout un attirail de curettes, de spatules et de tampons ; à côté se trouve un barbier armé d'un rasoir de fer très court à large lame, et à dos épais emmanché dans un morceau de bambou. Plus loin, c'est le marchand d'offrandes à Bouddha ; son éventaire est garni de chevaux en papier et de lingots simulant l'or et l'argent également en papier ; des baguettes odorantes que l'on fait brûler devant les tablettes des ancêtres.

Des marchands de gâteaux de toutes sortes dont l'Annamite est très gourmand ; des vendeuses de fleurs destinées aux autels des ancêtres pour lesquels, dans chaque famille, on a un véritable culte. Les acheteuses vont, viennent, circulent parmi toutes ces marchandes avec de longs chapelets de sapèques enfilées par un trou carré sur une petite corde en rotin. Et ce sont des discussions interminables sur la valeur des objets qu'on examine tout à loisir. Au lieu des rumeurs puissantes des dames de la halle, ici personne n'est jamais pressé et on peut rester aisément une heure pour un achat de moins de deux sous ; personne ne s'en offusque ni ne semble

impatient. Jamais de dispute, mais une grande ténacité
aussi bien de la part du vendeur que de celle de l'ache-
teur.

Aux meilleures places du marché sont étalés pêle-mêle
sur des étagères, les robes et les pantalons multicolores,
les foulards en crêpon bleu ou rouge que l'on noue au
tour de la tête, les écharpes en soie, les aumônières bro-
dées que l'on accroche à la ceinture, les boutons en ambre
jaune, les nattes de faux cheveux noirs et luisants dont
les hommes usent non moins que les femmes, les col-
liers en ambre à gros grains olivaires, les bracelets en
verroteries de couleur, les grosses pierres de sel gemme
brillantes, translucides et rougeâtres, les petits carrés
jaunâtres de tabac finement haché, les pipes en cuivre à
long tuyau, à fourneau très petit pour le tabac, les pipes
en bambou des fumeurs d'opium, semblables à des
flûtes, la chaudronnerie en fer et en cuivre, la poterie en
terre rouge, les faïences grossières de ménage exportées
par la Chine, les pétards qui ne manquent à aucune fête.
Sur tout cela, un soleil ardent, d'une intensité extraordinaire, et tandis que s'exhalent de toutes ces choses dis-
parates rassemblées, une odeur forte, pénétrante, tenace,
comme musquée.

A deux kilomètres de Kep, il y avait le grand marché
de Yen Thin et nous étions abondamment pourvus surtout de viande de boucherie qu'on trouvait plus difficile-
ment à Bac-Lé. A Kep, j'ai vu faire du bouilli avec la
ration de viande, des bifteacks et le soir de quoi faire un
ragoût. Comme boisson, nous avions 45 centilitres de
vin par jour et 15 centilitres de tafia.

4

Donc, nous n'avions pas trop à nous plaindre dans les postes, mais par contre dès que nous étions obligés de faire partie d'une colonne pendant deux ou trois mois, alors nous oubliions bien vite le goût de la viande et du vin ; nous étions rassasiés du « trou trou » ou riz et du biscuit.

Nos tirailleurs annamites touchent un prêt selon leur grade, plus une ration de riz. Leurs femmes font les repas qu'elles apportent à l'entrée du poste, dans de grands plateaux, au-dessus de leurs têtes.

Leurs repas se composent généralement de soupe au chien, achetée au marché, d'un plat de haricots annamites qui ressemblent un peu aux nôtres et parfois d'une sorte de pommes de terre, sorte de topinambour rouge cuit à l'eau et d'un gout sucré ; d'une salade de filaments de bambou jeune, et d'un grand pot de riz cuit à l'eau, le tout accompagné d'une sauce épicée avec du piment et du cary. Comme dessert des bananes ou une mandarine, ce qui était le nôtre également.

Le cigare est remplacé par une chique de bétel. Cette chique se compose d'une feuille d'aréquier sur laquelle on dépose un peu de chaux éteinte blanche ou rose et qu'on enroule autour d'un morceau de bois d'arec. La saveur de la feuille de bétel est poivrée, chaude, piquante, âcre, celle de la noix d'arec est très astringente. La mastication de cette chique produit une salive rouge comme du sang. Tout annamite homme ou femme, riche ou pauvre, a du matin au soir une chique de bétel dans la bouche.

Les tirailleurs les plus riches, terminent leur dîner par une goutte de choum-choum, ou eau-de-vie de riz assez enivrante.

Tous les aliments sont servis dans des petites assiettes, grandes comme nos soucoupes de tasses à café, et la fourchette est remplacée par des baguettes qu'ils manient avec une grande dextérité.

J'ai oublié de dire que nous mangions beaucoup de poulets et de cochons, qui sont à vil prix. Il y a des villages qui en sont remplis ; près d'Hanoï, à l'endroit dit du Pont-de-Papier, où fut tué le commandant Rivière, il y a un village surnommé le village aux cochons, tant ceux-ci sont innombrables. Ils sont de très petite taille et tout noirs ; ils ont la peau flasque et leur ventre traîne à terre. La chair est loin de valoir celle des porcs de France, elle est trop molle, trop huileuse et on s'en lasse vite.

Il n'y a pas de lapins en Indo-Chine et un jour à Bac-Lé, nous offrîmes la surprise à notre lieutenant, de lui faire manger un civet peu ordinaire.

Le lieutenant possédait un chat magnifique qu'il avait apporté de France et auquel il tenait énormément. Il faut vous dire qu'il n'y a là-bas pas plus de chats que de lapins et le lieutenant avait bien fait ses recommandations à tout le poste pour que le chat ne s'égarât pas.

Comme l'animal était très caressant, il était particulièrement choyé et il faisait partie de notre lot de distractions habituelles. C'était une joie que de le voir

voir gambader, sauter avec de souples mouvements gracieux et bien souvent nous passions des heures à le regarder jouer, grave tout à coup, puis tournant follement après sa queue ou se roulant voluptueusement avec des miaous, ou de petits cris plaintifs.

Un matin, nous étions dans les fortifications du poste, occupés à débroussailler, lorsque nous aperçûmes le malheureux chat râlant et se débattant dans les convulsions de l'agonie. A peu de distance de cet endroit, se trouvait la cuisine du lieutenant et, sur le seuil, le tirailleur anamite qui lui servait de cuisinier riait d'un air béat, laissant à découvert ses horribles dents noircies par le bétel. Plus de doute possible, c'était lui qui avait fait le coup, probablement pour se venger de ce que le chat lui avait volé deux ou trois fois la viande qu'il préparait pour le dîner du lieutenant.

En effet, c'était notre tirailleur qui, surprenant le chat en maraude, lui avait allongé deux coups de couteau qui avaient presque détaché les pattes de devant de la pauvre bête, puis il l'avait lancé à toute volée dans la brousse.

Le lieutenant était furieux; il releva de ses fonctions le tirailleur cruel et il le punit de quelques jours de salle de police. Puis il nous fit achever le malheureux chat et nous ordonna de l'enterrer.

L'idée me vint d'utiliser cette précieuse dépouille et aidé de quelques camarades, Parisiens farceurs, nous confectionnâmes un plat que l'on mit mariner pendant deux jours. Est-il utile de dire que nous avions fait auparavant le simulacre d'enterrer le chat?

Marché annamite près d'Hanoï.

Bref, au moment de le faire cuire, et de nous servir à cet effet des gamelles de campement, quelques soldats d'origine provinciale eurent quelques scrupules et s'opposèrent finalement à notre entreprise.

Mais nous étions entêtés et nous allâmes demander un chaudron chez les annamites. Puis la cérémonie de la cuisson commença. Nous avions bien fait les choses et l'odeur de notre fricot était si alléchante que le lieutenant vint s'informer de ce que nous avions pu trouver. On lui répondit en lui offrant une cuisse de l'animal inconnu et il nous déclara que le mets était exquis. Alors tout le monde voulut en goûter et on trouva que le chat n'était pas assez gros. La plaisanterie fut alors révélée au lieutenant qui en rit de bon cœur et quand nous fûmes revenus à Hanoï, partout où nous passions, nous nous vantions d'avoir mangé du lapin au Tonkin.

Le poste de Bac-Lé se trouvant en contre-bas de montagnes assez élevées, tous les matins il faisait un brouillard humide qui se dissipait très tard et qui amenait des cas nombreux de fièvres. L'eau n'était pas bonne et malheur à celui qui voulait en boire dans un ruisseau. Comme elle passe à travers des rochers où se trouvent des filons de cuivre, on a vite la dyssenterie et alors en route pour l'hôpital.

Pour rendre l'eau potable, nous la faisions passer, avant de la faire bouillir, dans deux tonneaux superposés, garnis de charbon.

Les quinze jours de service étant terminés, nous cédons la place à d'autres camarades qui viennent de notre compagnie à Phu-Lang-Thuong. Aussitôt arrivés ils nous pressent de questions, s'inquiètent du service, des attaques probables, des pirates, etc.

Nous faisons nos adieux, nous saluons, peut-être pour la dernière fois, notre lieutenant si bon camarade et nous descendons la pente du mamelon qui mène au village rejoindre la route mandarine.

De loin nous envoyons des signaux à ceux qui restent et qui nous regardent partir et nous leur souhaitons bonne chance.

Le même jour nous couchons à Kep et le lendemain, à 10 heures du matin, nous réintégrons notre compagnie à Phu-Lang-Thuong où chacun, à l'envie, nous questionne sur les incidents qui se sont produits à Bac-Lé.

UN CONVOI EN SAMPANS

UN CONVOI EN SAMPANS

Phu-Lang-Tuong, comme je l'ai déjà dit est le centre d'une division militaire et notre compagnie était appelée à fournir des escortes aux convois et des reconnaissances à tout moment.

Nous partions pour trois ou quatre jours afin d'accompagner les bateaux annamites ou sampans qui transportaient des vivres aux postes de recrutement et nous étions chargés de les protéger contre les attaques des pirates.

C'était le plus souvent une partie de plaisir que ces promenades, mais parfois aussi, il y en eut de tragiques et l'escorte revenait alors, diminuée à Phu-Lang-Tuong ayant laissé un camarade ou deux, morts dans les rizières.

Pour escorter les sampans, nous étions en tenue de route, pantalon et veste en toile teinte en noir, la cartouchière bien garnie, le fusil toujours chargé ; comme alimentation nous avions de la viande fraîche, du sel, du café, du pain et du vin et la solde de campagne afin de pouvoir nous procurer des suppléments de poulets, d'œufs et de cochon.

Généralement le départ avait lieu la nuit. Nous remontions le Long-Tuong, affluent du fleuve Rouge, jusqu'à Bo-Ha village assez important choisi comme poste d'approvisionnement pour desservir toute la région du Taï-Nguyen par voie de terre, cette région étant infestée de pirates contre lesquels les colonnes les plus fortes du Tonkin ont été formées depuis l'occupation.

Suivant le nombre de sampans à accompagner, l'effectif variait d'importance ; ordinairement il se composait d'un caporal d'infanterie de marine avec six Européens et six tirailleurs, ou bien d'un sergent de tirailleurs tonkinois avec douze tirailleurs. Presque toujours un convoyeur civil suivait le convoi. Sur chaque sampan, on plaçait un soldat. Toutes ces précautions étaient prises pour assurer la bonne marche des bateaux et surtout afin que les bateliers annamites paresseux comme des loirs, ne chòment pas en route, surtout la nuit. Ainsi à plusieurs reprises des convois avaient été attaqués, et les pirates avaient dévalisé entièrement les sampans attardés.

Chaque sampan contenait une ou deux pièces de vin, des ballots de riz, de pommes de terre, ou de café, du tafia. On le voit, c'était de bonne prise pour les pillards.

Chaque sampan appartient à une famille annamite que

l'administration des vivres réquisitionne pour former un convoi et qu'elle paie au retour.

Des indigènes sont embauchés pour aider à la manœuvre des lourds bateaux plats, si la famille n'est pas assez nombreuse. L'équipe est composée de deux hommes qui sont aux rames à tour de rôle, tandis que deux autres se reposent ; généralement une congaï, femme annamite, tient la barre.

Comme nous sommes obligés de vivre avec eux pendant la durée du voyage, cette promiscuité répugnante nous donne à supposer que nous aurons fort à faire au retour, pour débarrasser notre linge et nos flanelles de certains ennemis intimes avec lesquels nos bateliers sont si familiarisés qu'ils n'y prêtent aucune attention.

L'emplacement qui leur est réservé est très restreint ; au centre du sampan, on pénètre dans une chambre en rampant par une porte aussi étroite que basse, et dans laquelle tout le monde couche et se réfugie quand il pleut. L'avant et l'arrière sont couverts d'un plancher sur lequel les rameurs se tiennent debout, la rame étant retenue sur un petit piquet en bois par un lien en rotin. A l'arrière les femmes font la cuisine sur un fourneau portatif.

L'Annamite de la classe pauvre porte sur lui tout son vestiaire, il a deux ou trois *cheo*, sorte de blouse noire flottante qui lui descend jusqu'aux mollets et qu'il ne quitte que lorsque celle du dessous, à même sur la peau, est assez usée, pour la remplacer par une neuve qu'il remet par-dessus.

Les congaï sont vêtues de même, et comme hommes
et femmes gardent tous leurs cheveux qu'ils ont très
abondants et toujours très noirs, il est assez difficile de
les reconnaître. L'Annamite enroule ses cheveux en
un chignon relevé par un petit peigne au niveau de
l'occiput. Les femmes ont une longue natte unique
qu'elles enroulent autour de leur tête comme un turban
et qu'elles entourent d'un fourreau en cotonnade ou en
soie ; si ce fourreau est blanc, c'est un signe de deuil ;
elles ont comme coiffure, un chapeau très large, plat,
à bords repliés en bas, muni de deux brides en soie
réunies à la hauteur de la poitrine et terminée par un
gros gland qui pend jusqu'aux pieds.

Des enfants presque nus jouent sur le pont, et nous
prenons un certain plaisir à les voir s'ébattre en liberté
insoucieusement. Ils ont la tête rasée jusqu'à trois ans :
de trois à quinze ans, on ne laisse aux garçons qu'une
touffe circulaire de cheveux appelée *caï-chan*, sur le
sommet du crâne ou bien deux mêches d'un effet très
comique sur chaque côté ; les filles de trois à onze ans
ont également la tête rasée, mais avec une mêche à la
naissance du front et une autre derrière la tête.

Les sampans sont tous munis à l'avant de deux yeux
blancs et rouges qui conjurent le sort, et notre voyage va
s'achever sans aucun accident ; ce dont les Annamites
remercient Bouddha gravement, et leur confiance aug-
mentera avec leur superstition.

En compagnie du convoyeur civil, un aimable garçon
qui possède une très bonne carabine, nous tirons des
canards sauvages, des tourterelles, des poules d'eau qui

sont à foison sur notre parcours ; nous nous livrons surtout à ce passe-temps au retour de crainte de risquer, par nos coups de feu, d'éveiller l'attention des pirates sur notre convoi.

Du reste, nous n'y pensons guère, aux pirates, tant le voyage est pittoresque, et le soir venu, il n'est pas rare de voir chaque soldat monter sur le toit du sampan et là, bercé mollement, se laisser aller à de douces rêveries ; les uns pensent au pays, à leurs parents, d'autres chantent des romances tendres et tristes dont la mélancolie, s'harmonise bien avec la solitude du fleuve, à peine troublé par le glissement du sampan, au milieu d'ombrages qui forment presque berceau en certains endroits.

Cependant, il arrive par moment, que les sampans rencontrent des rapides, au nombre de trois, entre Phu-teng-Lang et Bo-Ha, et que le fleuve se trouve barré par des rochers ; alors, comme il n'y a pas beaucoup d'eau et que les passes sont étroites, tout le monde descend pour pousser le sampan ; les indigènes restés sur le bateau s'arc-boutent avec de longues perches contre les rochers et font tous leurs efforts pour doubler la passe. Ils crient tous ainsi que des enragés, et, en somme, ils font peu de besogne. Si le soldat européen n'était pas là, le sampan irait s'échouer, malgré l'habitude des bateliers. Il est vrai de déclarer que tous les Annamites, chétifs de nature, sont d'une force musculaire peu développée ; j'ai vu souvent une demi-douzaine d'Annamites s'efforçant en vain de manœuvrer un fardeau qu'un soldat français soulevait à bras tendus, et ce, à leur grand ébahissement.

Nous arrivons à Bo-Ha qui se trouve sur une hauteur, et il s'agit maintenant de transporter les provisions jusqu'au poste, par une très mauvaise route qui descend en pente raide au fleuve et qui est impraticable les jours de pluies. On s'énerve facilement sous le soleil et nous sommes mal secondés par nos Annamites, qui hurlent et ne s'entendent jamais, car ils veulent tous commander. Le travail est rendu plus pénible par leur mollesse et leurs exigences ; enfin, après que l'approvisionnement est effectué, nous rentrons à Phu-Lang-Tuong, assez rapidement ; le voyage est moins pénible, les bateaux sont à vide, les indigènes ont moins de mal à ramer. Lorsque le temps est favorable, ils hissent leurs voiles et poussent des cris aigus « hou hou hou » pour **demander du vent à Bouddha.**

Les tirailleurs tonkinois **qui accompagnent** les convois ont montré souvent quelque **courage et les** annales de leur histoire sont déjà enrichies de faits **héroïques,** accomplis par eux en maintes occasions.

Ils s'appellent, je l'ai dit plus haut, en annamite « lin-tap » (soldats exercés) les sergents s'appellent « daï » et les caporaux « caï ». Leur uniforme tient de celui des indigènes. mais avec des modifications qui leur donnent bien l'air guerrier.

C'est l'été, le caï quan ou pantalon blanc, en calicot large ; l'hiver, c'est une vaste culotte de drap bleu marine. Une ceinture d'andrinople rouge retombe en plis réglementaires devant le milieu du corps en formant un petit carré.

Le cheo, c'est la veste en drap bleu, de coupe indigène flottant sur le corps et serré aux manches.

En tenue de campagne ils portent en sautoir une couverture enroulée et une musette.

Dans un turban d'étoffe noire aux plis étagés savamment, ils enserrent et retiennent leurs cheveux noués derrière la nuque et sur un opulent chignon, posé au sommet du crâne un chapeau, une galette plutôt, en lattes de bambous, verni, plat et surmonté en son centre d'une pointe en cuivre. Cette galette est retenue par des brides d'andrinople qu'ils nouent derrière la nuque, au-dessous du chignon, de façon à laisser retomber les pans dans le dos ; tels les bonnets de nos cuisinières bourgeoises.

Ces petits soldats sont braves et intrépides au feu et je veux ici en donner un exemple.

Un jour, au retour d'un convoi commandé par un sergent français, qui avait sous ses ordres une douzaine de tirailleurs, les sampans qu'ils escortaient furent attaqués par une bande de pirates, à quelques heures de Bo-Ha.

Le sergent fait gagner au large et répond par une fusillade nourrie ; mais il tombe blessé grièvement.

Il ne peut continuer à diriger la défense et un caporal indigène prend sa place. Celui-ci ne peut réussir à éloigner les pirates qui, voyant le seul Européen mis hors combat, redoublent d'audace et vont s'emparer des sampans.

Alors, un bep ou soldat de 1ʳᵉ classe, a une inspiration heureuse et son initiative va sauver le convoi.

Il abandonne les sampans et, suivi de tous les tirailleurs, il bondit sur la berge et tous s'abritent derrière un talus; puis, par des feux de salve répétés, ils mettent le désordre chez les pirates qui s'enfuient. Dans un superbe emballement, ils se précipitent à leur poursuite, et bientôt les cadavres ennemis jonchent la terre; l'attaque est repoussée, les pirates sont en déroute, le convoi est sauvé.

Les tirailleurs tonkinois rentrent à Phu-Lang-Tuong, ramenant tous les sampans, à la vérité un peu endommagés; le sergent français était mort en route, quatre ou cinq indigènes femmes et enfants avaient été tués dans la bagarre; mais ils rapportaient au poste, en témoignage de leur bravoure, une glorieuse et sanglante moisson de têtes coupées.

Pour ce fait d'armes le bep fut décoré de la médaille militaire.

LES PIRATES AU TONKIN

LES PIRATES AU TONKIN

Depuis quelque temps, la contrée de Phu-Lang-Thuong était troublée par des exploits de pirates, et des bandes parfaitement organisées, levées sur les frontières de Chine où elles sont à l'abri, faisaient irruption dans le Delta Tonkinois et, après avoir pillé quelques villages, emportaient les femmes et les enfants pour les passer en Chine.

Ces bandes se recrutent parmi les coolies sans travail et surtout se composent de soldats réguliers chinois qui, pour une cause quelconque, ont été congédiés et sont sans ressources. Ils s'établissent alors avec armes et bagages sur la frontière du Tonkin et attendent l'occasion propice à leurs expéditions.

Il faut savoir que l'armée chinoise, en dehors d'un effectif régulier, recrute, au fur et à mesure de ses besoins, des mercenaires qu'elle licencie purement et simplement dès qu'ils ont rendu les services que l'on attendait d'eux.

Ces bandes ont, pendant des années, amené la désolation dans des régions entières du Tonkin et, avant l'occupation française, elles vivaient presque toutes des contributions prélevées sur les populations travailleuses. Certains villages préfèrent, en effet, plutôt payer la rançon que d'être pillés, dévastés et brûlés.

Au moment de l'annonce de la révolte, car les populations prenaient toujours le parti des pirates et on ne pouvait jamais avoir de renseignements précis sur les routes qu'ils avaient prises et les points qu'ils avaient attaqués, le lieutenant qui était de service et qui venait d'arriver récemment de France, reçut l'ordre de se porter sur le village de Lang-Kea, qui se trouve à dix kilomètres de Phu-Lang-Thuong.

C'était un matin de septembre et le brouillard était encore très épais; une humidité pénétrante nous donna le frisson à la sortie du poste; un piquet de la compagnie était toujours prêt à partir au premier signal et, à neuf heures, le rassemblement des hommes fut fait par le lieutenant.

Le repas du matin n'étant pas achevé, on boucla les musettes et aux encouragements de ceux qui restaient et parmi lesquels je me trouvais, le détachement se mit en route. Auparavant, on avait échangé des poignées de mains vigoureuses.

Il y a toujours une certaine mélancolie dans les départs

et nul d'entre nous n'y échappait lorsqu'un ordre arrivait d'avoir à se mettre en campagne. Combien, en effet, ne sont pas revenus de ces escarmouches où les pirates, connaissant admirablement le pays, tiraient à coup sûr sur les Français et nous infligeaient parfois des pertes sérieuses. Aussi, adressions-nous nos souhaits de bonne chance aux camarades et les suivions-nous du regard jusqu'à ce que nous les eussions perdus complètement de vue.

Toute la journée se passa en commentaires et nous commencions à être inquiets lorsque, vers les six heures du soir, un courrier couvert de sueur nous arrivait.

C'était un Annamite apportant une lettre tracée à la hâte par le chef de la milice qui accompagnait le lieutenant. Il demandait de lui envoyer aussitôt du renfort, de partir avec ce qui restait de la garnison européenne pour leur porter secours. Il nous disait que le lieutenant était blessé mortellement et que les munitions de la petite troupe étaient épuisées.

La nouvelle n'est pas plutôt apprise que chacun à l'avance veut faire partie du détachement de secours.

La compagnie est déjà bien réduite par les malades, par les escortes de convois, et par les soldats détachés aux postes avancés de Kep et de Bac-Lé.

Enfin, une trentaine d'hommes se trouvent prêts et les rangs sont formés, avec en plus une section de tirailleurs annamites.

La brigade d'artillerie de Dap-Cau doit nous envoyer une ou deux pièces.

Le poste restera sous la garde de quelques-uns des éclopés ; nous, et non sans anxiété, nous partons en songeant que le poste, qui contient des réserves de munitions, de vivres et d'armes, pourrait bien être attaqué pendant notre absence.

Mais, nous savons aussi que les camarades feraient sauter le poste plutôt que de le rendre ou de le laisser prendre.

On franchit rapidement les dix kilomètres qui nous séparaient de Lang-Kea ; les rizières étaient hautes, et le chemin était rendu plus étroit encore par l'eau qui le couvrait par endroits.

Vers huit heures, nous sommes près du village. Au ciel, à peine assombri par la nuit, il n'y avait pas un nuage. La lune, dans son plein, éclaire d'une lumière blanche la grande plaine où les riz verts penchent leurs tiges sous le tiède souffle tranquille d'une nuit parfumée, et où les bambous effilés agitent leurs panaches de feuilles pointues à peine frémissantes. Du village, accroupi comme un monstre énorme sous les feuillages sombres des arbres, on n'entend aucun bruit.

Une large pagode fait une tache noire sur l'horizon et se découpe bizarrement sur le ciel avec son toit aux angles recourbés en bec d'oiseau.

Ce silence profond ne nous dit rien qui vaille, et nous

avançons avec précaution sur l'étroit sentier qui conduit au village.

Soudain, des coups de feu éclatent, et les balles sifflent à nos oreilles.

Les pirates veillaient et saluaient notre arrivée par une fusillade très vive.

Le gong de guerre retentit et résonne longuement : des sonneries rauques de trompe déchirent l'air.

Nos silhouettes se détachent parfaitement sur la rizière, et nous servons de cibles aux pirates qui, abrités derrière l'enceinte en bambous, nous visent tout à leur aise. Heureusement, personne n'est atteint et leur premier feu ne cause aucune perte.

Arrivés à une porte du village, nous trouvons nos miliciens qui dormaient. La fatigue de la journée et l'habitude de ce genre d'expéditions les laissaient dans le calme absolu, et ils attendaient tranquillement les renforts qu'ils savaient leur être envoyés.

Aussitôt, le commandant du détachement, qui était un chef de bataillon, pénètre, avec quelques hommes, dans le village, et trouve, après quelques pas, le lieutenant mort, un chef de la garde milice qui a deux balles dans le ventre et plusieurs miliciens blessés gravement.

Il fait prendre rapidement position à ses hommes et fait garder les portes et le côté de la plaine. Les pirates sont retranchés du côté de la pagode et tout le reste du village est abandonné.

Cette pagode est située d'un côté de la rizière qui, à cette époque, mesure un mètre d'eau.

Quand toutes ces dispositions sont prises et toutes les sentinelles placées, le commandant fait appeler le chef artificier et lui dit de préparer des bombes incendiaires.

Le chef artificier obéit et un homme envoie une bombe, puis deux dans la pagode.

A notre grand étonnement, nous n'entendons ni gémissements, ni plaintes, et pas un coup de fusil. La pagode, du reste, commence à flamber.

Pour activer l'incendie, le commandant fait mettre le feu à un bouquet d'arbres qui entourent la pagode.

Les arbres crépitent, les étincelles jaillissent, les flammes s'élèvent en sifflant, c'est un beau feu de joie dans la nuit magnifique.

Toujours pas un mouvement dans la pagode. Il est minuit.

Nous marchons à l'assaut, baïonnette en avant.

Plus personne, les pirates ont disparu. En effet, ils se sont glissés un par un dans la rizière et si depuis notre entrée dans le village, nous n'avions plus entendu de coups de fusil, c'est qu'ils avaient battu en retraite précipitamment, croyant à une arrivée de troupes plus considérables.

Nous sauvons alors un gros approvisionnement de riz et nous trouvons, à côté d'un cadavre calciné, un

Une exécution.

poulet vivant. Nous l'adoptons séance tenante et un camarade se charge de le rapporter à la compagnie.

Je n'ai du reste jamais rencontré un plus fidèle volatile. Nous l'avions surnommé « *pirate* » en souvenir de cette sortie, et il égaya souvent notre poste, tant il était amusant. Il suivait son maître comme un caniche et il ne le quittait pas.

Mais revenons à notre engagement. Le reste de la nuit s'acheva sans que rien vînt troubler sa sérénité. Nous couchons sur nos positions et, au matin, nous confectionnons des brancards avec des bambous pour transporter notre pauvre lieutenant, le garde milice et les miliciens blessés.

Puis nous reprenons le chemin de notre cantonnement, tout tristes de cette malheureuse affaire et sans avoir pu faire un seul prisonnier.

Là-bas, vers les montagnes du Yen-thé, on signale bien quelques mouvements, mais nous n'avons pas de vivres et pas de munitions pour une campagne de plusieurs jours et nous revenons mécontents de n'avoir pu tirer une vengeance éclatante des pirates qui nous ont si cruellement éprouvés.

En route, les survivants du combat de la veille nous donnent quelques éclaircissements sur les événements qui se sont produits.

Lorsqu'ils ont pris position dans le village, le lieutenant, qui avait observé que la pagode était le retranchement des pirates, se porte jusqu'à cent mètres de cet endroit avec un caporal et quelques hommes; le reste du détachement sous la direction d'un sergent garde la porte principale; les miliciens sont répartis par moitié dans les deux sections.

Après avoir tiraillé pendant quelques heures sans aucun résultat de part et d'autre, le lieutenant se lasse et dit à ses hommes :

« Mes amis, nous allons faire voir à ces bandits que nous ne sommes pas aussi lâches qu'eux : poussons à la baïonnette. »

Pour encourager ses hommes, il distribue son tabac, et lui-même bourre une pipe.

Puis quelques instants après il commande :

« En avant ! à la baïonnette ! »

Il donne l'exemple et se précipite le premier contre une haie de bambous où les coups de fusil ont pratiqué une brèche. Il passe le bras pour tirer son revolver sur une sentinelle pirate, mais à ce moment, il est frappé au cœur d'un coup de fusil et tombe mortellement atteint. Les soldats tirent son corps en arrière et le caporal qui devenait le chef, tout à coup ému d'une si grosse responsabilité, ramène le revolver du lieutenant et veut se brûler la cervelle. Heureusement les soldats ne perdent pas leur sang-froid et se replient en tiraillant vers leur première position. Comme la journée s'avance, que la nuit va bientôt tomber, que les munitions sont épuisées, le chef de la garde milice envoie un de ses hommes porteur d'un mot adressé au commandant de notre poste.

Les pirates maltraitent si cruellement leurs ennemis, que chaque homme s'était réservé une cartouche plutôt que de tomber vivant entre les mains de ces audacieux brigands.

UNE EXÉCUTION DE PIRATE

UNE EXÉCUTION DE PIRATE

Quelques jours après cette affaire, un pirate fut arrêté en flagrant délit d'espionnage, et comme il cherchait à se sauver, un des tirailleurs lancés à sa poursuite fut tué par lui d'un coup de poignard.

Il avoua être espion des pirates et envoyé pour se rendre compte de nos forces.

Il paraissait très énergique. Malgré des assurances formelles d'avoir la vie sauve s'il voulait donner des renseignements détaillés sur le repaire des Pavillons Noirs et après lui avoir promis une forte gratification s'il voulait servir de guide pour y mener un détachement, il garda un silence farouche et ne répondit plus à aucune des questions qui lui furent posées.

Il fut condamné à mort, et le commandant des troupes de Phu-Lang-Thuong décida qu'il serait exécuté à la mode annamite, c'est-à-dire décapité par le couteau. Après que toutes les formalités paperassières ont été accomplies, que le chancelier de résidence a donné décharge de sa personne au garde principal de la milice, chef de la prison, celui-ci remet le condamné à un Annamite tout de rouge vêtu, porteur d'une espèce de sabre à dos large et au tranchant effilé.

Le cortège se forme, qui accompagnera en grande cérémonie le pirate au lieu du supplice.

Car c'est une solennité imposante que celle d'une exécution, et du plus haut mandarin au plus humble nhaqué (cultivateur), personne ne veut manquer ce spectacle.

C'est d'abord le garde principal, important et fier, précédant une section de tirailleurs annamites qui marchent gracieusement et défilent comme à la parade.

Quatre cavaliers font claquer au vent leurs pavillons bleus et rouges bordés de jaune, insignes du gros mandarin lippu qui suit, mollement étendu dans son palanquin, abrité de larges parasols verts et accompagné de ses porteurs de pipes à opium, de boîtes à bétel.

Quatre gardes du tong-doc (gouverneur) affirment par leur présence la sanction officielle donnée à la condamnation. Deux Annamites trapus portent un tam-tam sur lequel ils frappent à coups redoublés pour attirer l'attention de la foule, déjà suffisamment surexcitée cependant par la vue de ce cortège imposant.

Un héraut glapit dans un énorme porte-voix le nom
et le crime du patient. Le bourreau, vêtu d'une aube
rouge à manches courtes, le suit immédiatement, portant son épée sur l'épaule, tandis qu'un petit mandarin de justice, sorte de greffier, élève haut et à deux
mains la longue et étroite planchette blanche où l'histoire du crime est tracée et qui sera plantée sur la
tombe.

Le condamné s'avance en trottinant, les mains attachées derrière le dos, le cou emprisonné dans une cangue
en forme d'échelle, formée de deux bambous, réunis
par leurs extrémités.

Il marche et rien n'est plus sinistre que l'aspect de
cette tête jeune encore, à la physionomie énergique,
qui émerge de cette longue pièce de bois. Même un
sourire tranquille s'esquisse au coin des lèvres fermes,
qui ne tremblent pas. L'opium a engourdi l'esprit du
condamné et il va droit devant lui, les yeux perdus
dans son rêve, n'entendant rien des clameurs confuses
qui s'élèvent de la foule et ne voyant rien des funèbres
apprêts qui se préparent devant lui.

Que lui importe aujourd'hui de quitter la vie qu'il a
sacrifiée sans un regret ?

Le subtil et puissant opium lui procure pour la
dernière fois une ivresse délicieuse, et c'est plein de
mépris pour la mort qu'il va d'un pas heureux sous le
carcan étouffant.

Voici enfin l'endroit choisi pour l'exécution. Tous les
environs sont garnis de factionnaires. Mais la foule est

si pressée de voir qu'elle a vite rompu le cordon des miliciens et qu'elle se précipite vers le centre de la place choisie où se tient l'exécuteur et son aide.

Quelques vigoureux coups de rotin distribués à droite et à gauche remettent chacun à sa place.

Des mandarins, des notables, accroupis dans leur attitude habituelle, mâchent leur bétel et causent comme si rien d'extraordinaire ne se passait.

Des officiers français se trouvent là qui contemplent la scène avec une curiosité lasse; ils commencent à être blasés sur le spectacle, et le gros mandarin lippu, entouré de ses pavillons, de ses parasols, de ses porte-pipes, de ses porteurs de bétel, contemple une chique qu'il va s'introduire dans la bouche avec une grimace de satisfaction béate.

L'aide du bourreau procède à la dernière toilette. Le condamné est à genoux, les deux mains attachées derrière le dos, un piquet de bambou fiché en terre. On lui dénoue le turban noir qui retient une abondante chevelure qu'on lui ramène en avant, pour dégager le cou et le laisser ainsi à découvert.

Le patient est vêtu d'un petit caleçon et il a le torse complètement nu. Le bourreau s'approche de lui et commence par tâter du doigt le fil de son cimeterre, qu'on appelle vulgairement coupe-coupe et qui n'est qu'une large lame à dos épais, assez lourde et supportée par un manche de fer très court entouré d'une cordelette.

Avant l'exécution, il salue les officiers en tenant son coupe-coupe par les deux bouts et en l'inclinant plusieurs fois horizontalement.

Tous ces préparatifs prennent du temps, mais le condamné ne semble avoir aucunement conscience de ce qui se passe autour de lui.

Il attend. Alors le commandant fait demander à haute voix, par un interprète, si le condamné n'a rien à réclamer.

Un signe de tête négatif, c'est toute sa réponse.

Enfin, le bourreau ordonne simplement au patient de se baisser et il trace sur la nuque, avec son doigt rougi de salive, la place exacte où il doit frapper. Il brandit son cimeterre à deux mains, il lui fait décrire un grand cercle et il l'assène avec vigueur sur le cou du malheureux en attirant son arme à lui. Un coup mat, sourd, se fait entendre et la tête, violemment détachée, roule à terre, tandis que des flots de sang giclent et que le tronc est agité des derniers soubresauts. Tout aussitôt, les Annamites se précipitent et enveloppent dans des nattes le corps du supplicié et la tête, dont les yeux ouverts, extatiques, semblent regarder encore dans l'Infini et continuer le rêve à peine interrompu.....

D'HANOÏ EN FRANCE

D'HANOÏ EN FRANCE

Tout comme les soldats de France qui marquent un par un les jours qui les séparent de la libération, nous comptions là-bas ceux qui nous restaient à faire en service dans la colonie.

J'ai dit plus haut combien nous paraissaient longues certaines heures et comment nous essayions de les passer avec le moins de monotonie possible; nous avions bien des nouvelles de la Mère Patrie, et nous passions de longues journées à nous raconter des choses de France ; c'était du reste le fond ordinaire de nos conversations, et il faut avoir été aussi loin de son pays pour goûter et apprécier tout le charme qu'il nous procure, à distance, par la magique évocation des souvenirs.

Les dix-huit mois de Tonkin que je venais d'accomplir avaient modifié assez profondément mon existence, pour que, après quelques années écoulées, j'aie la nostalgie de ces paysages lointains et le désir de retourner dans ces contrées merveilleuses; puis les jours passent, d'autres soucis absorbent mon temps, et ma destinée s'écoulera bien loin de ces contrées de lumière, d'azur et de parfums, dont je garderai toute ma vie l'éblouissement splendide.

Les six derniers mois à Phu-Lang-Thuong furent plus particulièrement difficiles à s'écouler, d'autant que je pouvais faire partie d'un poste éloigné, où une complication inattendue pouvait me faire manquer le transport qui me ramènerait en France. Je pouvais également être envoyé en colonne, à cause des pirates qui n'étaient jamais tranquilles, et dans la crainte desquels on renforçait, aux premières nouvelles, tous les petits postes.

Donc, avec quelle impatience j'attendais mon ordre de retour! Et avec quel bonheur j'accueillis l'annonce de me tenir prêt pour le prochain convoi à Hanoï!

Quant aux autres camarades, les uns gagnent Hanoï par la voie fluviale, en sampans, d'autres viennent du Nord par la voie de terre, ainsi que ceux de l'Ouest.

Il arrive parfois aussi qu'ils sont attaqués en route et il n'y a rien de plus désolant et de plus triste que de songer aux malheureux qui, à la veille de rentrer en France, ont été tués par les balles des pirates.

On éprouve un certain soulagement lorsqu'on arrive au fleuve Rouge, que les chalands viennent nous prendre pour traverser le fleuve, afin d'entrer en ville.

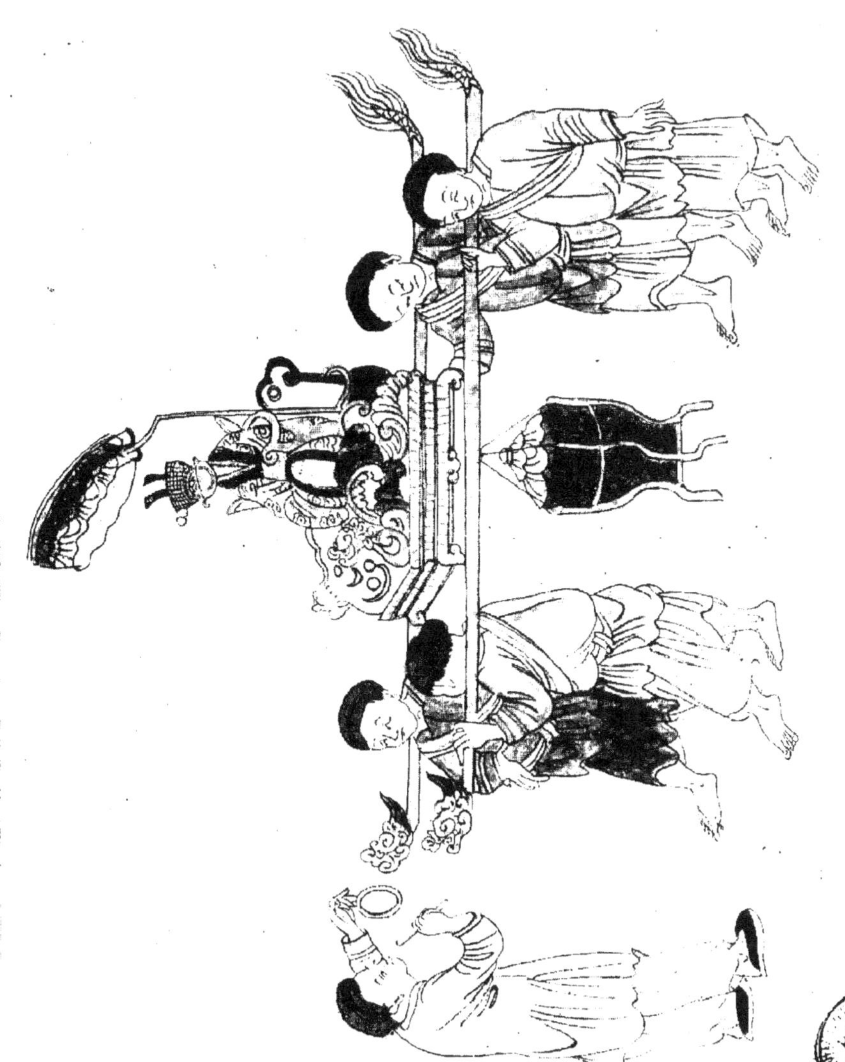

Fête du Printemps. — Promenade de Bouddha.

En route, il se trouve quelquefois qu'un convoi de rapatriés entrecroise un autre de jeunes soldats arrivés de France et qui montent prendre notre place dans les postes.

Alors c'est un échange de nouvelles, de souhaits de bonne chance, de demandes de renseignements; des farceurs, il y en a partout, racontent des histoires abracadabrantes, pour étonner et intimider les bleus; et ceux-ci, encore tout ahuris et tout étonnés, écoutent de toutes leurs oreilles les contes à dormir debout que leur font les anciens, imperturbables et graves comme des bonzes.

Hanoï nous paraît en fête, peut-être cette fête est-elle en nous, étant donné notre joie et notre plaisir d'avoir terminé ces deux années de service militaire.

Cependant, nous ne prenons pas le transport immédiatement, et nous ne pourrons embarquer que dans vingt-quatre heures; estimons-nous heureux, puisqu'on attend parfois un mois avant de quitter Hanoï.

Et les camarades qui sont dans ces conditions regrettent alors la vie des postes; car le service à Hanoï est calqué sur celui de France, et du matin au soir, il faut être astiqué, prêt à la parade, aux revues, exercices, etc.; celui qui croyait avoir terminé complètement son temps voit se perdre une illusion de plus et il en est quitte pour un mois de discipline sévère.

Il est vrai que la mauvaise humeur se dissipe rapidement et on se fait assez vite au nouvel exercice dont on avait perdu l'habitude dans les postes où relativement la vie était plus libre, plus mouvementée, plus aventureuse.

En effet, le temps se passait à escorter des convois, à faire des reconnaissances et l'imprévu tenait une première place dans les occupations ordinaires des marsouins.

Les derniers jours à Hanoï se passent en excursions ; nous nous payons quelques heures de pousse-pousse, petite voiture à capote traînée par un Annamite et qui est le seul véhicule possible dans les rues étroites de la ville indigène.

Nous faisons force emplettes chez les marchands chinois : bibelots que l'on rapportera aux parents, consistant en éventails décorés de monstres et de fleurs étranges, en boîtes incrustées de nacre, en bijouterie curieusement travaillée, etc.

Un matin, le colonel nous fait appeler ; la veille nous avions été désarmés et nous avions remis nos effets de colonie dont l'usage était encore possible.

Nous voici réunis dans la cour de la citadelle d'Hanoï, où le colonel nous adresse quelques paroles chaleureuses. On serre la main des camarades qui sont arrivés les derniers et qui partiront par l'autre transport ; quelques-uns d'entre nous emportent des commissions pour les familles de ceux qui restent, elles auront ainsi des nouvelles fraîches et authentiques de la santé de leurs enfants.

Des camarades qui ont eu une mauvaise conduite et qui ont eu plus de soixante jours de prison durant leur

séjour, passent devant un conseil d'enquête et ils sont
punis de un, deux ou trois mois à faire en plus : c'est ce
qu'on appelle, en terme populaire, le *rabiot*.

Enfin tout est terminé, toutes les formalités sont rem-
plies ; les sergents-majors ou sergents chefs de détachement font pour la dernière fois l'appel de leurs hommes ;
on commande par le flanc droit et en route pour la
Concession, lieu d'embarquement.

Nous marchons d'un pas allègre et quand nous passons
la porte de la citadelle, nous adressons des signes d'adieu
au poste de garde et nous entrons en ville, accompagnés
de la musique du régiment qui joue l'air de *Sambre-
et-Meuse*.

C'est toujours une cérémonie intéressante que le
départ des marsouins, dont quelques-uns ont dans la ville
des relations tant européennes que chinoises ou annamites. Aussi, sur notre passage, on fait des signes, on agite
des mouchoirs ; quelques habitants nous escortent
jusqu'à l'embarcadère ; dans les principales rues, des
Européens sortent des cafés et crient : « Vive la France!
Adieu! Au revoir! ».

Nous embarquons sur une chaloupe à vapeur qui
doit nous faire descendre le fleuve jusqu'à Haïphong ;
à cet endroit seulement, nous prendrons le transport et
seulement aussi nous serons tranquilles et certains
qu'un contre-ordre ne nous fera pas faire demi-tour.

Le voyage sur la chaloupe nous paraît moins fatigant
qu'à notre arrivée, et comme nous sommes moins nom-

breux également, nous sommes plus à l'aise sur le bateau.
Nous regardons pour la dernière fois le delta, que beaucoup d'entre nous n'avaient pas revu depuis leur arrivée
dans la colonie. Ce ne sont que rizières de tous côtés,
rizières à perte de vue; à peine les arbres toujours verts
qui entourent les villages viennent-ils jeter une note plus
gaie sur l'horizon plat fermé bien loin à l'ouest et à l'est
par des montagnes.

Il est midi environ lorsque nous arrivons à Haïphong.
La chaleur est accablante; chacun a vite sac au dos
et le débarquement s'opère assez vite. On nous prévient
que nous n'embarquerons pas à bord du *Colombo*, le
transport qui doit nous ramener en France, avant un
jour. Nous accueillons cette nouvelle très gaiement et
nous nous dirigeons vers les casernements destinés aux
troupes de passage.

Nous déposons nos sacs, le tour de garde est établi, la
permission de sortie est accordée de trois heures jusqu'à
huit heures et nous allons faire une promenade en ville.

A Haïphong, le quartier européen est séparé du quartier chinois et du quartier annamite. C'est une ville neuve
qui date de 1874 et dont le quartier européen, créé avec
force remblais sur des terrains marécageux, possède de
belles voies bien tracées, avec de beaux hôtels et de
larges avenues, mais pas aussi ombragées qu'à Saïgon.

La cité annamite est séparée du quartier européen et
chinois par un canal. Le quartier chinois était justement
en fête et il n'y a rien de plus amusant que les milliers
de lanternes chinoises sur lesquelles les noms du pro-

Enterrement Annamite.

priétaire sont peints en lettres énormes, ce qui donne
aux rues un air de carnaval.

Les rues grouillent de monde, beaucoup à pied, d'autres en voiture, et c'est un flot humain qui avance sans
discontinuer ; presque tous ont un éventail à la main, et
de gros mandarins pansus s'étalent dans des voitures
attelées de Chinois qui fendent la foule au pas de course
avec un bruit d'averse. Tous sont en habits de fête et
vêtus de riches costumes de soie, de couleur tendre,
d'une propreté miraculeuse. Abritées sous un vaste pa-
rasol, avec, derrière la tête, une longue queue tout en
soie, les Chinoises se balancent péniblement sur leurs
petits pieds déformés ; des Annamites dépenaillés portent
des fardeaux. Dans les maisons et dans les pagodes, on
entend de la musique et on célèbre, suivant le rite, le
culte de Bouddha en adressant des prières et en faisant
brûler sur l'autel, où s'élève la statue calme et sereine du
dieu, des baguettes odorantes.

Une des choses pittoresques, c'est le bras de rivière du
Song-Tan-Bac par où s'effectue les transactions com-
merciales. On y voit une foule de jonques chinoises en
forme de sabots, ayant leur proue relevée et tous leurs
flancs bariolés des couleurs les plus vives ; à l'avant un
gros œil peint en rouge leur donne l'aspect d'animaux
fantastiques. Sur le pont, au toit de nattes, habite toute
une famille, des ouvertures béantes montrent la gueule
de canons de bois cerclés de fer, un grand mât supporte
en guise de voiles de grandes nattes carrées soutenues
transversalement par des lattes de bambous. A côté de
ces bateaux de commerce, se trouvent des jonques de

guerre avec leur pavillon crasseux à l'arrière et des canons de tous côtés ; des sampans annamites s'accotent timidement à côté des grosses jonques et les chaloupes japonaises, toutes propres, circulent à toute vapeur au milieu de cette flottille cosmopolite.

Après avoir couru un peu partout dans la ville, nous rentrons, ayant procédé à quelques achats de conserves qui nous seront très agréables à bord du transport et qui varieront un peu l'ordinaire.

Au casernement il n'y a pas de cuisine et nous sommes obligés de faire notre dîner sur des feux de bivouac ; mais des marsouins comme nous en ont bien vu d'autres et nous nous en accommodons très bien.

Après la soupe, des enragés sortent pour voir la fête chinoise qui se continue toute la nuit ; quant à nous, les conversations marchent bon train, et nous bavardons et chantons à perdre haleine.

Le lendemain, au réveil, c'est le grand jour du départ ; à neuf heures du matin, des chalands viennent nous prendre à cause du difficile accès de la rade d'Haïphong pour des bateaux de fort tonnage comme le transport qui nous ramène en France.

Même cérémonie qu'au départ, même branle-bas, appel, contre-appel et à trois heures nous levons l'ancre aux cris de « Vive la France ! Vive la Marine ! » Quelques musiciens rapatriés forment un orchestre et c'est aux sons de *la Marseillaise* que nous quittons cette terre où tant des nôtres sont restés décimés par les maladies ou tués par les pirates. Les camarades qui nous remplacent feront leur devoir comme nous avons fait le nôtre.

Et bien souvent, dans les petits postes où l'on ne peut jamais s'éloigner, ils iront en pèlerinage sur les tombes des petits soldats, leurs frères, morts tués à l'ennemi.....

Nous voici donc pour quarante-deux jours sur l'eau, car nous avons des légionnaires à débarquer à Alger, ce qui augmente la traversée de quatre jours. Peu à peu les côtes s'éloignent et le soir, le Tonkin n'est plus en vue; nous longeons les côtes d'Annam et en route pour la France. Beaucoup d'entre nous étant rapatriés comme malades, le transport est aménagé en hôpital; sur sept cents hommes, il y a trois cents malades ou convalescents. Leur arrivée à bord était d'une tristesse poignante : hâves et maigres à faire pitié, à peine peuvent-ils se traîner, leur singe sur l'épaule ou une perruche qui ne supportera pas le voyage, pas davantage que la plupart de leurs maîtres.

*
* *

Voici les côtes de France. En débouchant dans le golfe du Lion, le mistral vient à notre rencontre, faible d'abord, puis de plus en plus courroucé, soulevant des vagues et mettant notre navire en danger. Qu'importe la fatigue des mauvaises nuits! Tous, malgré notre malaise, nous voulons être sur le pont et saluer le ciel de France.

Dès six heures du matin, un soleil spendide baigne la côte de Provence et la baie de Toulon apparaît avec, au fond, ses montagnes qui ferment l'horizon.

Nous arrivons à Porquerolles, la plus occidentale des îles d'Hyères, puis à Cepet, enfin Saint-Mandrier, où se trouve l'hôpital militaire, et le mistral étant apaisé, l'hélice s'arrête, l'ancre est jetée, nous sommes en rade de Toulon, dix-huit mois après avoir quitté cette ville.

J'ai essayé, en écrivant ces lignes, d'évoquer quelques physionomies exotiques, d'animer plusieurs souvenirs de mœurs lointaines et de faire vivre certaines impressions de l'existence militaire en Extrême Orient.

J'ai oublié bien des choses, j'ai volontairement sacrifié bien des pages, mais le lecteur suppléera par l'imagination à tout ce que je ne lui ai pas conté et je m'estimerai infiniment heureux si j'ai pu un instant l'intéresser à la relation de ce voyage « dont le petit volume est le plus grand mérite ».

# TABLE DES MATIÈRES

TABLE DES MATIÈRES

Imp. PAUL DUPONT, 4, rue du Bouloi. — Paris, 1er Arrt. — 137.2.1901(Cl.)

www.ingramcontent.com/pod-product-compliance
Lightning Source LLC
LaVergne TN
LVHW021849170726
843503LV00003B/1139